天津志愿服务蓝皮书

Blue Book Of Voluntary Services In Tianjin

天津志愿服务发展报告

（2022）

ANNUAL REPORT ON THE DEVELOPMENT OF VOLUNTARY SERVICES IN TIANJIN (2022)

靳方华　主编　　李培志　执行主编

天津社会科学院出版社

图书在版编目（CIP）数据

天津志愿服务发展报告 . 2022/靳方华主编；李培志执行主编. -- 天津：天津社会科学院出版社，2022. 12

（天津志愿服务蓝皮书）

ISBN 978-7-5563-0861-3

Ⅰ. ①天… Ⅱ. ①靳… ②李… Ⅲ. ①志愿者 – 社会服务 – 研究报告 – 天津 – 2022 Ⅳ. ①D669. 3

中国版本图书馆 CIP 数据核字（2022）第 198802 号

天津志愿服务发展报告（2022）
TIANJIN ZHIYUAN FUWU FAZHAN BAOGAO（2022）

责 任 编 辑：胡宇尘
责 任 校 对：杜静红
装 帧 设 计：高馨月
出 版 发 行：天津社会科学院出版社
地　　　址：天津市南开区迎水道 7 号
邮　　　编：300191
电话/传真：（022）23360165
印　　　刷：天津鑫浩林云印科技有限公司

开　　　本：787×1092 毫米　1/16
印　　　张：13. 25
字　　　数：195 千字
版　　　次：2022 年 12 月第 1 版　2022 年 12 月第 1 次印刷
定　　　价：88. 00 元

前　言

志愿服务是社会文明进步的重要标志，是推进国家治理体系和治理能力现代化建设的重要内容，也是全面建设社会主义现代化国家的重要力量。2019 年 1 月 17 日，习近平总书记赴天津市和平区新兴街朝阳里社区志愿服务展览馆考察，称赞志愿者是为社会做出贡献的前行者、引领者，对志愿服务事业发展提出了明确要求，为志愿服务持续健康发展指明了方向、提供了根本遵循、注入了强大动力。三年多来，天津广大志愿者、志愿服务组织、志愿服务工作者牢记习近平总书记嘱托，贯彻落实习近平总书记关于志愿服务一系列重要指示批示精神，推动志愿服务在津沽大地蓬勃发展，奋力谱写新时代志愿服务事业发展新篇章。

作为我国社区志愿者组织的发祥地，天津有深厚的志愿服务传统，志愿服务组织化程度成效明显，志愿服务"朝阳里模式"享誉全国。《中国共产党天津市第十二次代表大会上的报告》中提出打造学雷锋"志愿之城"，对天津志愿服务发展做出重要部署。为系统总结天津志愿服务发展经验，追踪观察天津志愿服务发展实践，提升志愿服务理论研究水平，促进志愿服务融入社会治理，全面推进天津志愿服务高质量发展，由天津社会科学院社会学研究所发起，联合天津市精神文明建设委员会办公室等单位，共同编撰《天津志愿服务蓝皮书》，进一步聚焦志愿服务领域前瞻性、针对性、储备性政策研究，提供具有专业化价值、建设性的参考建议。

《天津志愿服务发展报告(2022)》共收录 14 篇研究报告，分为总报告、分报告、专题篇和实践篇四部分。总报告为天津志愿服务发展报告；分报告包括天津青年志愿服务发展报告、天津科技志愿服务发展报告、天津平安志愿服务发展报告；专题篇包括天津新时代文明实践志愿服务专题报告、天津市社区老年志愿服务专题报告；实践篇包括滨海新区志愿服务事业发展实践、和平区志愿服务事业发展实践、南开区志愿服务事业发展实践、津南区志愿服务事业发展实践、北辰区志愿服务事业发展实践、武清区志愿服务事业发展实践、宝坻区志愿服务事业发展实践、静海区志愿服务事业发展实践。

值此《天津志愿服务发展报告（2022）》出版之际，感谢天津市精神文明建设委员会办公室、共青团天津市委员会、天津市科学技术协会、天津市委政法委以及滨海新区、和平区、南开区、津南区、北辰区、武清区、宝坻区、静海区宣传部及文明办等单位在调研、编撰过程中所提供的资料和便利。在此，还要特别感谢天津市精神文明建设委员会办公室志愿服务处全体人员为编撰工作付出的大量时间和精力、提供的各种力所能及的帮助！特别感谢天津社会科学院出版社诸位老师的辛苦付出！此外，对蓝皮书的编写、出版提供过帮助的同仁和各界朋友还有许多，在此一并致以谢意！

目 录

总 报 告

分 报 告

专 题 篇

实 践 篇

附 录

总 报 告

天津志愿服务发展报告[①]

天津社会科学院社会学研究所课题组

摘 要： 自和平区新兴街成立全国第一个社区志愿者协会以来，天津志愿服务走过了三十多年的发展历程，大致可划分为兴起、成长、规范、提升四个阶段，目前正致力于推进志愿服务高质量发展。通观发展现状，天津志愿服务基本阵地日趋完善、组织体系初步形成、制度规范逐步完善、队伍稳步发展壮大、平台载体不断增加、项目和品牌日益丰富、社会氛围日趋浓厚、居民对志愿服务认识程度持续提高，总体上表现出志愿服务体系更加健全完善、志愿服务更好满足群众生活需要、志愿服务与社会治理融合走向深入的良好发展态势。为推动新时代志愿服务在高质量发展道路上取得新进展、新突破，需要继续健全志愿服务管理机制、完善志愿服务平台和载体、发展壮大志愿服务队伍、丰富志愿服务项目和品牌、加大志愿服务培训力度、营造浓厚志愿服务氛围。

关键词： 天津　志愿服务　发展历程　高质量发展

① 本文部分资料得到天津市精神文明建设委员会办公室的支持，特此感谢！

志愿服务是社会文明进步的重要标志,也是社会发展的重要促进力量。天津市率先开展社区志愿服务活动,是全国社区志愿者组织发祥地,在全国志愿服务发展中具有里程碑意义。2019 年 1 月 17 日,习近平总书记视察天津市和平区新兴街朝阳里社区,对志愿服务事业发展做出重要指示,这为天津弘扬志愿服务精神、加快志愿服务发展提供了巨大动力和基本遵循。天津深入贯彻落实习近平总书记指示精神,继往开来,着力推进志愿服务精准化、常态化、便利化、品牌化,健全志愿服务体系,全面提升志愿服务质量,志愿服务事业实现跨越式发展,在促进社会治理创新和提升人民生活品质中发挥了不可替代的作用。

一　天津志愿服务发展历程

自新兴街成立全国第一个社区志愿者协会以来,天津市志愿服务事业经过三十多年的持续发展,队伍和规模逐步扩大,门类和形式更加丰富,服务效能日益提高。纵观发展历程,天津市志愿服务大致可以划分为四个阶段。

(一)兴起阶段(1988—1999)

天津志愿服务事业的帷幕可以说是从和平区的社区志愿服务活动拉开的,和平区社区志愿服务在许多方面引领了全市志愿服务的发展。1988 年 10 月,和平区新兴街朝阳里社区自发成立 13 人服务小组,在全国率先开展社区志愿服务活动,这个服务小组是我国最早的社区志愿服务团队的雏形。1989 年 3 月,新兴街成立了全国第一个社区志愿者协会,所辖 24 个居委会成立社区志愿者协会分会。随后和平区其他街道先后成立社区服务志愿者协会,各居委会也成立社区服务志愿者协会分会。在志愿服务组织发展和队伍壮大的过程中,志愿服务形式和内容不断丰富创新,从起初的送煤、送菜、送炉具扩展到扶危济困、社区卫生保洁、社区文艺演出、帮外来务工人员照顾子女、科教宣传、义务家教、查体义诊等多种满足群众需要的服务。1999 年 3 月,在新兴街社区志愿者协会成立 10 周年之际,民政部和中国社会工作协会在天津召开了社区志愿服务者活动10周年论证会。此论证会系统总结了新兴街社区志愿服务的经验和做法，在理论和实践上产生了广泛的社会影响，为社区志愿服务蓬勃发展奠定了思想基础，注入了发展动力，为志愿服务融入国家发展战略提供了理论支持。此阶段志愿服务体系初步形成，志愿服务进入理论研究视野，志愿服务实践得到了社会认可，志愿服务的社会效应逐步显现。

（二）成长阶段（1999—2008）

为满足社会发展对志愿服务的需要，促进志愿服务向更多领域和更广范围延伸，特别是将志愿服务与重大实践融合，快速推动天津志愿服务更快更好地成长，2005年，《深化志愿服务活动实施意见》颁布，将志愿服务纳入精神文明建设，机关在职党员参与志愿服务成为一种规定，充实了志愿服务力量。2007年12月通过的《天津市青年志愿服务条例》，是我国首部规范志愿服务活动的地方性法规。2008年，北京奥运会成功举办，志愿者深度参与了各类赛事服务，向世界展现了志愿者的良好风貌，志愿服务随之引起了社会各界的广泛关注，成为年度热词和社会热点，参与志愿服务成为一种新时尚。作为2008年北京奥运会的协办城市之一，天津高度重视志愿服务，倡导鼓励市民参与各类志愿服务活动，充分发挥志愿者的积极作用，通过丰富、高效、暖心的志愿服务实践进一步彰显了志愿服务精神，展示了天津深厚的志愿服务文化底蕴。天津志愿服务的规模快速扩大、结构发生了深刻变化，志愿服务参与度大幅增长，市民对志愿服务的认识和参与志愿服务的积极性达到了全新水平。2008年9月11日，天津市志愿服务联合会成立，这是全国第一个省级志愿服务联合会。此阶段天津志愿服务事业在各个层面、各个领域逐渐展开，“人人争当志愿者”的社会氛围日益浓厚，社会各界对志愿服务的认识和志愿精神的理解逐步加深。与此同时，志愿服务组织培育发展取得了显著成效，组织化成为天津志愿服务事业发展的特色和亮点。

（三）规范阶段（2008—2019）

随着各类志愿服务政策举措的陆续出台，天津志愿服务在规范化发展方面迈出了重要步伐,志愿服务工作的制度保障日益加强,志愿服务的活动形式和内容不断拓展和丰富。2009 年 3 月,和平区新兴街被民政部认定为全国社区志愿者组织发祥地。2012 年 2 月,天津市成立首个文化志愿者服务中心。2013 年 12 月 5 日,天津志愿者平台正式开通,为广大志愿者、志愿服务团队提供了交流展示条件。2014 年,制定《天津社会服务志愿者队伍建设指导意见》,为队伍建设提供了指导和依据;印发《关于开展志愿服务记录工作的通知》,开展志愿服务记录制度试点工作。2015 年,制定《关于推进志愿服务制度化的实施意见》,对志愿服务的各种制度机制建设提出明确要求,先后建立和完善社区志愿者注册、志愿服务激励等制度和机制,进一步促进志愿服务规范化。2016 年,天津开始实施志愿服务供需对接平台标准化建设,推出线上、线下两种供需对接平台模式。2017 年 12 月 1 日,《天津市志愿服务条例》正式施行。这是国务院颁布《志愿服务条例》后,全国出台的第一个志愿服务地方法规。此阶段随着志愿服务实践的深入与社会对志愿服务重视程度的加深,志愿服务的常态化、规范化逐渐走向正规,表现尤为突出的是,制度化成为天津志愿服务事业发展的关键词。

(四)提升阶段(2019—)

2019 年 1 月 17 日,习近平总书记来到天津市和平区朝阳里社区,走进社区志愿服务展馆,与社区志愿者们亲切交谈并为他们点赞,称赞他们是为社会做出贡献的前行者和引领者,指出"各级党委和政府要为志愿服务搭建更多平台,更好发挥志愿服务在社会治理中的积极作用"。天津牢记习近平总书记的嘱托,深入推进志愿服务精准化、常态化、便利化、品牌化,全方位提升志愿服务质量。2020 年 1 月 18 日,和平区被确定为"民政部贯彻落实习近平总书记关于志愿服务重要指示精神工作联系点"。天津高站位推进志愿服务高质量发展,积极发挥党建引领作用,成立市志愿服务工作协调小组,结合实际开发适应实践需求的志愿服务项目,扩大志愿服务地域覆盖面,健全志愿服务体系,大力培育发展志愿服务组织,不断拓展志愿服务领域,促进志愿服务与社会治理深度融合,全面提升志愿服务的社会影响力和知名度。此阶段天津志愿服务在弘扬志愿精神、宣传志愿服务文化、完善志愿服务具体制度规范、壮大志愿服务队伍、提升志愿服务专业化水平、利用信息技术完善服务载体、增强志愿服务保障能力等方面取得了引人瞩目的成绩。目前,“有困难找志愿者,有时间做志愿者”在津沽大地蔚然成风,志愿服务参与广泛性显著增强,志愿服务活力进一步增强,志愿服务高质量发展的态势已然形成。

二 天津志愿服务发展现状

2019 年以来,天津市大力弘扬奉献、友爱、互助、进步的志愿精神,积极推进服务阵地、组织体系、制度规范、人才队伍、项目品牌等建设,广大志愿者、志愿服务组织、志愿服务工作者立足新时代、展现新作为,全市志愿服务呈现出蒸蒸日上的态势和持续发展的良好局面。志愿服务实践遍地开花,志愿精神广泛传播,社会支持志愿服务发展的氛围日渐浓厚。志愿服务在推进社会治理现代化、提升公共服务能力、推动社会文明进步方面发挥了积极作用。天津社会科学院和天津市精神文明建设委员会办公室(以下简称天津市文明办)在全市随机抽样进行问卷调查,收回有效问卷 6751 份。调查问卷统计数据显示,居民对天津志愿服务的满意度高达 97.9%。

(一)志愿服务队伍稳步发展壮大

依托新时代文明实践中心,建立市、区、街道(乡镇)、社区(村)四级志愿服务队伍,形成以党员干部为核心、以行业志愿者为主体、以基层群众为补充,广泛发动各方面人员参与,数量充足、构成多元、扎根基层、富有活力的志愿服队伍。随着志愿服务宣传和实践的深入开展,志愿者队伍持续快速发展壮大。截至 2022 年 10 月,全市注册志愿者 285.94 万余人,超过常驻人口 20%,较 2019 年初增幅 29%,志愿服务团队 1.8 万余支,较 2019 年初增幅 64%。立足实际需要,引导志愿服务队伍多元化、特色化发展。各区新时代文明实践中心广泛动员党员、机关干部、模范人物、退役军人等,组建区级志愿服务队 4000 余支。各街道(乡镇)、社区(村)建立学习宣传、文化健身、互帮互助、文明风尚、应急响应等"5 + N"志愿服务队2万余支,60余万名志愿者服务群众578万余人次。在打造特色团队方面,涌现出交警志愿服务团、枫叶正红老年志愿服务队、木兰巾帼志愿服务队、天津市红烛禁毒志愿者宣传队等特色志愿服务队。在法制宣传方面,由退休人员组成的红烛禁毒志愿者宣传队十分活跃,其走进各行各业、基层社区,传授禁毒知识,宣传法律法规,教育引导广大群众珍爱生命,远离毒品。在文化领域,2021年初以来,新组建5支文旅志愿服务队,累计服务时长5345小时;2021年成立的经典诵读志愿服务团队,累计开展经典诵读活动12场,参与人数3355人;同年7月成立的天津图书馆之友志愿服务团队,当年开展志愿服务80场,累计志愿服务时长552小时。在医疗卫生方面,"健康城市"天津医大青年志愿者服务队以优质服务受到了群众的欢迎。在环境保护方面,组建妇联巾帼志愿服务总队和"16 + N"分队、"津彩纷呈 晨夕行动"垃圾分类志愿服务队、市级机关党员先锋队、新时代劳动模范志愿宣讲团等团队,广泛开展主题活动。定期开展多层次、对象化、分众化专业培训。对街道(乡镇)党政主要负责同志和社区(村)党组织书记,开展新时代文明实践中心建设相关内容的培训、轮训;面向基层和优秀志愿服务骨干,开展新时代文明实践、志愿服务信息化平台搭建、垃圾分类等专项培训;在具体志愿服务活动过程中,开展相应的技能培训。举办志愿服务专题培训班,使全市志愿服务更精准、更贴近群众需要,让志愿服务更有作为。通过形式灵活多样、内容丰富多彩的培训,促使志愿服务队伍的专业和协作能力稳步提升,志愿者的工作技能和志愿服务的实际成效不断增强。调查数据显示,95%以上的志愿者接受过培训。

表1　2019—2022年天津志愿服务概况

		2019年末	2020年末	2021年末	2022年10月
总数(万人)		237.78	265.41	279.68	285.94
性别	男(%)	52.62	52.52	52.20	51.90
	女(%)	47.38	47.48	47.80	48.10

续表

		2019年末	2020年末	2021年末	2022年10月
年龄结构	18岁以下(%)	3.84	3.23	3.42	4.72
	18—35岁(%)	37.20	38.11	37.03	36.93
	36—60岁(%)	41.06	41.23	41.93	41.24
	60岁以上(%)	17.90	17.43	17.62	17.11
注册志愿者团队(万支)		1.2	1.6	1.7	1.8
发布志愿服务活动(万次)		6	8	13.7	15
累计志愿服务时长(万时)		357	872	1487	—

(二)志愿服务组织体系日益健全

进一步完善市文明委统一领导、市文明办牵头、相关部门共同参与的志愿服务工作协调小组机制,加强对全市志愿服务的统筹规划、协调指导、督促检查和经验推广。成立市志愿服务工作协调小组,制定《天津市志愿服务工作协调小组及其办事机构工作规则》,明确24家成员单位职责任务,进一步完善志愿服务工作格局。2022年1月18日,在市级层面完成天津市志愿服务联合会转隶换届工作,业务主管部门由市民政局变更为市委宣传部。在区级层面,各区志愿服务联合会(协会)全部完成转隶换届工作,由区委宣传部主管,在区文明办的具体指导下开展日常工作。重新调整市文明办"三定方案",由市文明办联系指导市志愿服务联合会,设立志愿服务处,统筹推进新时代文明实践中心建设和志愿服务工作。通过改革调整,志愿服务工作统筹协调能力大幅提升。天津市志愿服务联合会充分发挥引领、联合、服务、促进的职责,大力推进志愿服务组织基层党建工作,广泛汇聚志愿服务力量,激发新时代志愿服务活力和创造力。建立文明实践志愿服务联席会议制度,定期召开部门、镇街、志愿服务组织座谈会,掌握服务需求,确定志愿服务项目,提高志愿服务满足社会需求的精准度,增强志愿服务的社会效益。

(三)志愿服务制度规范逐步完善

加强志愿服务相关制度建设,夯实志愿服务保障。2019 年先后施行《天津市促进精神文明建设条例》和《天津市文明行为促进条例》,明确将“推进志愿服务”作为精神文明建设的主要任务。这两个条例跟 2017 年颁布实施的《天津市志愿服务条例》一起为志愿服务提供了多维度、多层面的制度保障。针对志愿服务运行的实践需要,天津市陆续建立了志愿者常态化培训机制、志愿服务保险保障、学雷锋岗站标准等一系列制度,形成阵地建设指南、队伍管理办法、平台点单流程等一系列志愿服务规范。2021 年,制定《天津市志愿服务联合会章程》,对天津市志愿服务联合会的性质和业务范围做出明确规定,为其在推动志愿服务发展中发挥积极作用提供了规范和依据。加快对志愿者的激励保障制度建设,推进志愿服务纳入天津市自然人公共信用评价指标体系,推出集保险金融功能于一体的天津志愿者证。定期开展《志愿服务条例》和《天津市志愿服务条例》培训,宣传志愿服务理念,普及志愿服务知识和法规,提高居民对志愿服务的认知度。调查数据显示,在志愿服务活动中,志愿者获得了一些保障和激励。其中,得到提供餐饮或误餐补助的比例最高,占 43.4%,受过培训的占比接近 20%,其他如交通补贴、通信补贴、高温补贴、基本人身保险等均在 10% 左右。

(四)志愿服务基本阵地日趋完善

伴随文明实践活动的深入推进,各级文明实践平台已成为天津发展志愿服务事业的基本阵地。首先,推动文明实践阵地建设。按照党建引领、试点先行、典型示范、多点突破、纵深发展的思路,推动新时代文明实践中心建设从农村地区向城市社区延伸,从试点区向全市行政区全面铺开。2021 年,市文明办印发《关于面向城乡基层推进新时代文明实践中心建设工作的通知》,推动文明实践中心建设由乡村向城区延伸,形成广动员、强示范、全覆盖的工作格局。2022 年初,全市实现新时代文明实践中心(所、站)三级全覆盖。其次,推动文明实践资源平台整合。收集梳理群众心愿,分级分类生成服务菜单。截至

2022年5月,统筹173家市级单位资源,丰富宣讲、教育、文艺、科技、民政、农科、法律、卫生、体育九大资源平台,组建580支市级志愿服务队伍,紧贴群众需求设立749个服务项目,实现点单派单精准服务,累计送服务到基层528场次,服务群众二十余万人次。从问卷调查结果来看,居民对新时代文明实践中心工作满意度为90.1%,大约75%的居民参加过文明实践活动,40%以上参加过宣传宣讲党的政策、学习实践科学理论。再次,强化文明实践阵地资源支撑。建立新时代文明实践中心结对共建制度,发挥天津市志愿服务工作协调小组成员单位职能优势,推动分管领域的资源、力量及资源服务项目下沉基层,融入共建区域新时代文明实践中心(所、站)建设,为志愿服务常态化开展提供有力支撑。最后,推动市、区两级行政和社会资源向文明实践中心(所、站)流动,促进团队共育、行业联动、部门贯通、社会共建,汇聚新时代文明实践的社会合力。探索建立新时代文明实践志愿服务专项基金,用于志愿服务项目培育、队伍培训、嘉许激励、救助帮扶、物资保障等。

(五)志愿服务平台载体不断增加

天津市逐步建立天津志愿服务网、天津青年志愿服务网、津云—志愿天津等网络平台,提供志愿服务信息公开和志愿者注册和管理等服务,基本实现志愿者注册、志愿服务项目发布、志愿服务时长记录等信息化。11个区建立区级信息服务平台,其他区通过征集心愿单、发布志愿服务项目等方式,接受基层点单近两万单,服务群众六十八万余人次。各区积极整合线上线下资源,探索将文明实践中心同区融媒体中心、“学习强国”平台等联通融通的有效机制,增强平台的服务效率。依托天津志愿服务网统筹市、区两级新时代文明实践信息服务平台,将全市各类文明实践志愿服务信息集中发布,定期更新服务项目。2021年以来,天津广泛开展“百万志愿者服务群众大行动——新时代文明实践志愿服务送基层”活动,围绕“永远跟党走 我为群众办实事”主题,实现资源激活、资源整合、资源下沉、资源共享,充分发挥行业系统资源优势,汇聚文明委成员单位共建力量,不断更新天津市新时代文明实践信息服务平台线上宣讲、教育、文艺、科技、农科、民政、法律、卫生、体育等服务信息,形成志愿服务市级项目“供给菜单”。各区、各部门积极用好市级新时代文明实践信息服务平台,形成“基层点单—中心派单—志愿组织接单—群众评单”供需服务链,为群众提供精准、专业、优质服务。

(六)志愿服务项目和品牌日益丰富

天津十分重视志愿服务项目品牌建设,注重发挥项目化、品牌化运作对志愿服务的引领作用。一是围绕文明实践,打造移风易俗项目。宝坻区培育孵化出“朝霞小锣鼓”,红白事统一用“小锣鼓”代替“吹鼓手”,奏响乡村文明曲。武清区推出“乡风文明十个一”,定期组织村民开展10项孝亲敬老、卫生清扫、“草根”宣讲等常态志愿服务,以文明乡风助推乡村治理。北辰区果园新村街探索出“三家三集六走进”的工作模式,推动文明实践志愿服务进家庭、进楼门、进社区、进机关、进学校、进企业商户。二是顺应群众需求,丰富志愿服务项目。实施“志愿服务青春行动”,持续做响做亮“巾帼志愿者”“阳光行动”“关爱山川河流”“垃圾分类”“邻里守望”“博爱家园”“救在身边”“文化助盲”等志愿服务项目,开展“天津是我家 建设靠大家”文明创建行动,发挥志愿者在文明实践、基层党建、乡村振兴、生态环保等方面的积极作用。依托新时代文明实践中心(所、站),引领广大志愿者和志愿服务组织积极征集、认领解决群众“微心愿”,开展志愿服务关爱行动,提供关心关爱、邻里互助等志愿服务,累计解决群众1.73万个“微心愿”。广泛开展“青年志愿者助残阳光行动”“牵着蜗牛去散步”等惠民利民志愿服务项目,不断推进社区专业化志愿服务迭代升级。广泛开展“百万志愿者服务群众大行动”,累计解决群众急难愁盼问题约23万件。开展“寸草心手足情”志愿助老行动,通过“少助老”“老助老”等形式增强助老服务;开展“彩虹计划”“冬日献血、奉献有我”志愿服务项目。集合优质医疗资源,开展“天津市人民满意好医生走基层送健康”志愿服务,赴多个涉农区开展常见、多发病义诊和健康咨询,广受基层群众好评。三是整合利用资源,塑造志愿宣讲品牌。开展“永远跟党走”宣讲志愿服务,发挥党员干部、专家学者、先进典型、“百姓名嘴”、文化志愿者作用,深入基层、面向群众,开展分众化、对象化、互动化宣讲,打通新思想连接群众的“最后一公里”。依托基层宣讲队、红色文艺轻骑兵等资源，组建志愿宣讲队伍三千余支，形成专题宣讲项目 214 个，走进社区、农村、校园和企业开展宣讲，2022 年以来，累计 1.8 万余场次。开创“田间课堂”“线上课堂”“儿童课堂”“银发课堂”“墙根课堂”等基层宣讲模式，涌现出宝坻区“理响宝地”、津南区“金牌宣讲团”、武清区“百村百站宣讲接力”等一批特色品牌。

（七）志愿服务社会氛围日趋浓厚

设立“1·17志愿服务主题日”，在“3·5学雷锋纪念日”“12·5国际志愿者日”常态开展活动。弘扬文明互助社会风尚，组织好全国学雷锋志愿服务“四个 100”和天津市学雷锋志愿服务“六个一批”及“战疫”最美志愿者等先进典型宣传推选活动，赋予嘉许礼遇，通过各级各类媒体广泛宣传报道志愿者先进事迹，制作刊播志愿服务公益广告和宣传片，营造人人崇尚志愿精神、人人关心支持志愿服务的良好氛围。开展新时代文明实践志愿服务展示交流活动，对志愿服务项目、文化产品、志愿宣讲等集中进行宣传推介。征集志愿服务创意短视频，开展志愿服网上宣传展示交流活动。在 5 个全国新时代文明实践中心建设试点区开展“文明实践看天津”直播活动和“文明实践我来啦”故事汇的基础上，2022 年 16 个区全部开展相应活动。承办中央文明办全国志愿服务现场交流，26 个省、直辖市、自治区 1.4 万余人到朝阳里社区进行志愿服务学访交流。开展志愿服务网络展示交流活动，截至 2022 年 7 月，津抖云短视频平台收到参与“志愿天津”话题的短视频 1110 余个，累计播放量超过 269.9 万次。开展“雷锋精神在天津”等研究，为文明实践和志愿服务创新提供理论支撑和智力支持。天津市定期发布各区志愿服务活跃指数，营造积极发展志愿服务的浓厚氛围。从问卷调查可以看出，居民参与志愿服务意愿非常高，表示愿意参与志愿服务的居民占比高达 96.4%。愿意参与社区服务占比最高，半数以上愿意参与儿童青少年关爱和文明倡导，近半数愿意参与环境保护和为老服务。对“去年参与志愿服务的大概频率”这一问题居民回答的数据统计发现，每月至少一次的占比最高，为 23.7%，其次为每周至少一次，占 17.5%。合起来计算，约 40% 的志愿者每月参与志愿服务次数在一次以上。

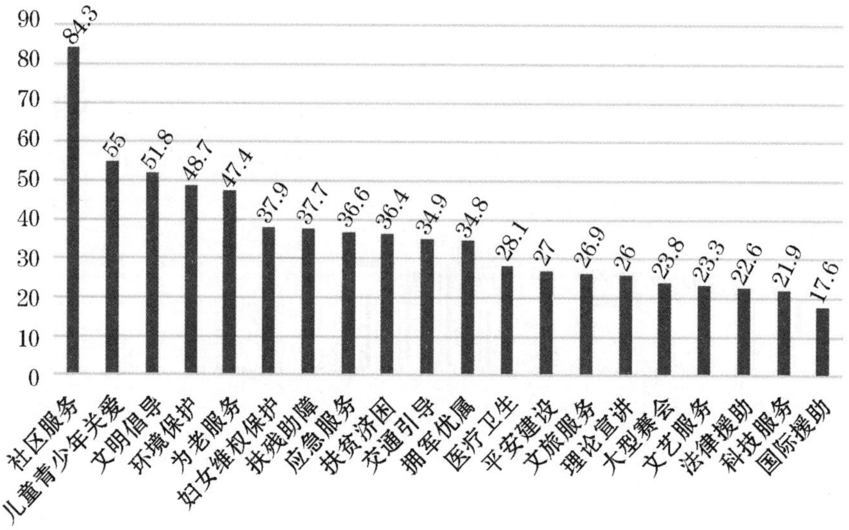

图1　居民愿意参与的志愿服务　单位(%)

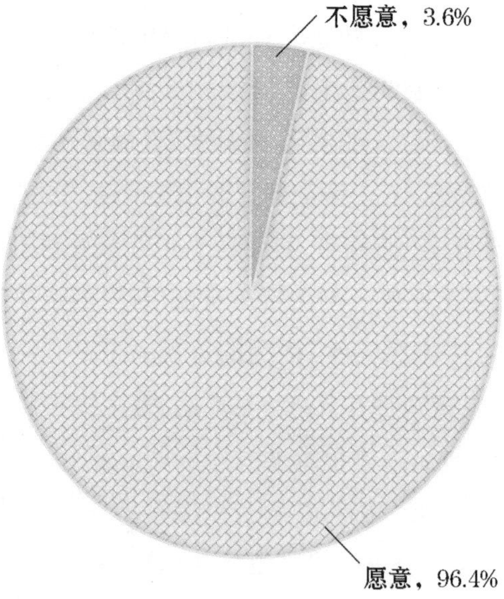

图2　居民参与志愿服务的意愿　单位(%)

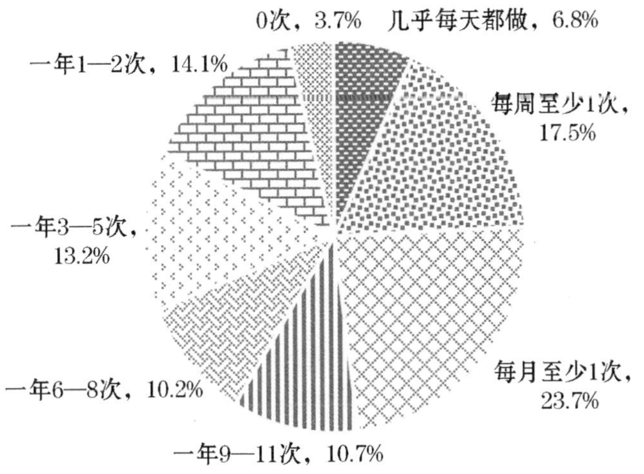

图3　上一年参与志愿服务的大概频率　单位(%)

(八)居民对志愿服务认识逐步加深

随着弘扬志愿精神的力度加大和志愿服务的广泛开展,居民对志愿服务的了解逐步加深。从调查来看,97.7%的居民表示了解志愿服务,93.2%的居民表示了解《天津市志愿服务条例》。多数居民认识到志愿服务的积极功能。在“对志愿服务,下列看法您同意吗?”的回答中,对“有助于个人发展”“有助于缓解社会矛盾”“有助于社会治理”“有助于激发社会活力”“有助于增强社会凝聚力”“有助于社会文明进步”表示同意的占84%以上。从了解志愿服务的基本内容到了解条例,再到认识志愿服务的功能,显示出居民对志愿服务的了解比较深入。

三　天津志愿服务发展态势与挑战

天津志愿服务在继承已有传统基础上持续推进,在各个方面均取得了显著成效,特别是2019年以来,体系更加健全、平台更加完善、制度更加规范、规模更加壮大、发展速度明显加快,志愿服务在社会治理中的作用更加凸显,志愿服务实践紧密围绕党和政府工作大局普遍常态开展,志愿服务文化在津沽大地根深叶茂。总的来看,天津志愿服务发展正呈现蓬勃发展的良好态势,但是与新时代高质量发展、人民群众对美好生活的向往相比,天津志愿服务事业在一些方面还存在一定的提升空间,在某些领域还存在弱项和短板。

(一)发展态势

1. 志愿服务体系更加健全完善

“健全志愿服务体系,广泛开展志愿服务关爱行动”是“十四五”规划的要求,也是实现志愿服务高质量发展的重要内容。天津全面推进志愿服务发展,在基本阵地、组织体系、制度规范、平台载体、项目品牌、人才队伍、社会氛围等方面协调发展,从顶层设计到具体措施不断完善,在志愿服务常态化、规范化、专业化等方面均取得了重大进展,志愿服务得到全社会的认可和支持,志愿精神在全社会广为传播,形成了良好的发展局面,为后续发展打下了良好基础。在志愿服务的发展实践中,坚持系统观念,优化志愿服务体系,提高志愿服务质量,将有力推进天津打造学雷锋“志愿服务之城”。

2. 志愿服务更好满足群众生活需要

志愿服务的本质是自愿、无偿向社会或者他人提供公益服务,满足社会需要。天津志愿服务起源于为社区居民日常生活服务,在发展壮大的过程中,始终关注和服务于居民生活需求,服务范围涵盖了民生各领域。在平台和载体日益丰富的基础上,天津志愿服务采取订单服务等模式,精准对接居民需求,设计志愿服务项目,安排相关服务,满足居民需要的能力和效率大大提升。随着志愿服务组织和队伍不断发展,在民生领域的服务将会更加充实,居民生活便利度将不断提升,这不仅有利于提高居民生活品质,而且能够增强居民幸福感。

3. 志愿服务日益融入社会治理

志愿服务是推进社会治理的重要力量,志愿服务与社会治理融合,有利于社会治理主体协同和加强社会治理力量,也有利于激发社会治理主体活力和提高社会治理能力。随着服务范围的拓展,天津志愿不断深入到社会治理领域，志愿服务参与社会治理的机制初步形成。新冠肺炎疫情防控以来，新时代文明实践中心（所、站）发挥组织动员作用，科学有序做好志愿者招募、管理、防护工作，先后约150万人次参与疫情防控志愿服务。志愿者加入社会治理队伍，对社会治理共同体建设和公众参与社会治理起到极大促进作用。随着志愿服务发展和社会治理体系完善，志愿服务与社会治理的融合将不断加深，志愿服务日益成为加强和创新社会治理的重要力量。

（二）面临的挑战

1. 志愿服务管理机制有待进一步健全

从实践来看，志愿服务管理的法规制度有待进一步完善，存在一定程度的管理自由度大而效能低的现象。激励机制不完善，现有机制施行的范围不广，对志愿者的激励作用未充分发挥，有的激励措施缺乏效力，在一定程度上存在激励失灵的状况，建构有利于激发志愿服务活力、增强志愿服务持续性的管理机制势在必行。调查发现，有60%以上居民认为要完善登记和激励制度、完善法律法规。

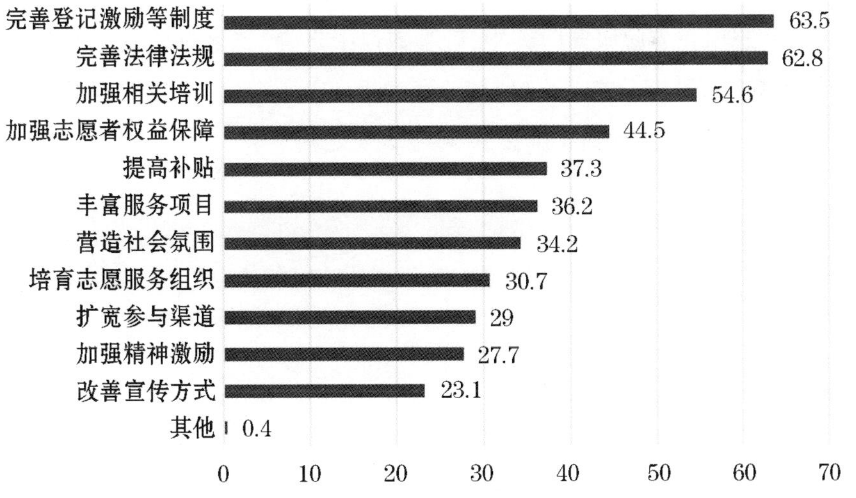

图4　居民认为政府应规范和促进志愿服务的方面　单位（%）

2. 志愿服务平台和载体有待进一步优化

目前,志愿服务组织数量较少,志愿服务活动主要由党政机关主导、居(村)委会组织。市志愿服务联合会的人力、物力、财力还不够充足,影响了其志愿服务平台作用的发挥。由于志愿服务平台不够丰富,组织动员群众参与志愿服务的机制相对单一,一些有当志愿者积极性的居民找不到参与途径。志愿服务平台载体的组织能力较为薄弱,存在一些志愿者因组织不善而消极退出的情形。志愿服务信息化平台在信息互联、数据贯通、功能互补等方面仍有进一步提升的空间。

3. 志愿服务供给紧密度有待进一步提升

在已经发展志愿服务的领域,存在志愿服务数量少、频率不高等短板,群众的有些志愿服务需求未能得到完全满足。在一些领域,志愿服务发展相对滞后和欠缺。作为志愿服务供给主体的志愿者队伍,还需要进一步扩大。志愿服务内容对接人民日益增长的美好生活需要的精准度还有进一步提高的空间。各级各类志愿服务组织准确把握群众个性化、类型化、差别化需要的能力尚待提升,“群众有需求找不到志愿者”或“有服务项目找不到服务对象”的情况还时有发生。志愿服务供给相对不充分,调查数据显示,居民还需要提供更多的志愿服务,在志愿服务门类中,有半数以上选择“扶老助弱”,三成以上选择“青少年服务”,四分之一选择“就业咨询培训”,五分之一选择“医疗保健”,选择其他各类服务活动的比例在10%到20%之间。

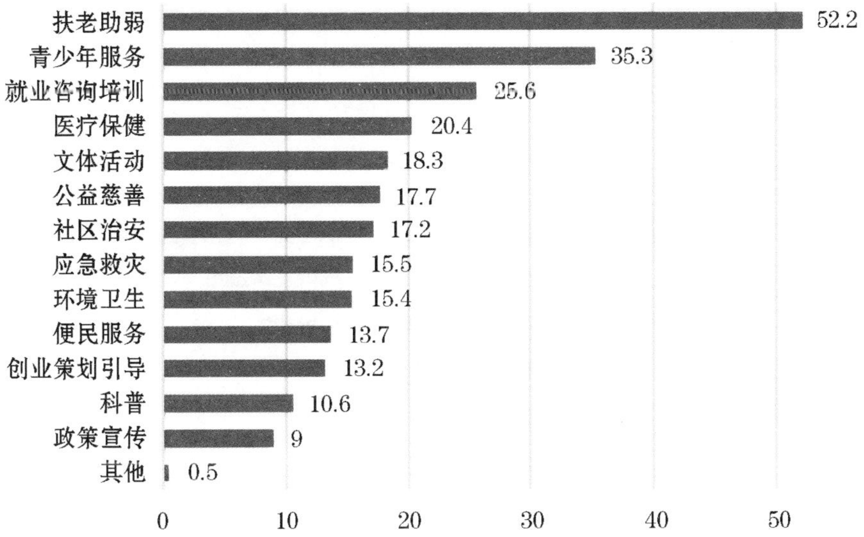

图5　居民认为我市需要开展志愿服务情况　单位(%)

4. 志愿服务培训的针对性、专业性有待进一步增强

在一些领域,志愿者的专业技能培训相对不足,致使志愿服务的效果不够理想。志愿者培训的针对性不够强,造成培训内容与志愿者需求不贴合、志愿者的服务能力与实际需求不相匹配,这也会导致一些接受服务者对志愿服务不满意。志愿服务培训的质量不高,大多数培训属于针对具体服务活动开展的工作培训,缺少系统性、前瞻性、储备性的多层次培训。调查数据显示,半数居民认为要加强分类分层培训、优化培训设计、丰富培训形式,增强培训的专业性。

5. 志愿服务社会氛围有待进一步培育

仍有一些志愿者没有真正理解志愿文化精髓,未能深刻了解志愿精神,少部分志愿者抱着获取报酬的心态参与志愿服务活动,也有一些志愿者只是为了完成布置的任务而敷衍了事。在特定区域和领域,新生力量发展缓慢,志愿者群体在某种程度上呈现固化趋势。社会对志愿服务的共识有待提升,不少居民误以为志愿者是有待遇的,有时还提出苛刻的要求,甚至阻碍志愿者的正常服务活动。志愿服务的宣传成效有待扩大和深化。从调查数据来看,居民了解志愿服务的途径虽呈多样化发展,但有三分之二的居民是从社区了解的,近半数的居民是从工作单位了解的。志愿服务宣传仍需扩大,特别是媒体宣传和公共场所宣传还需加大力度。

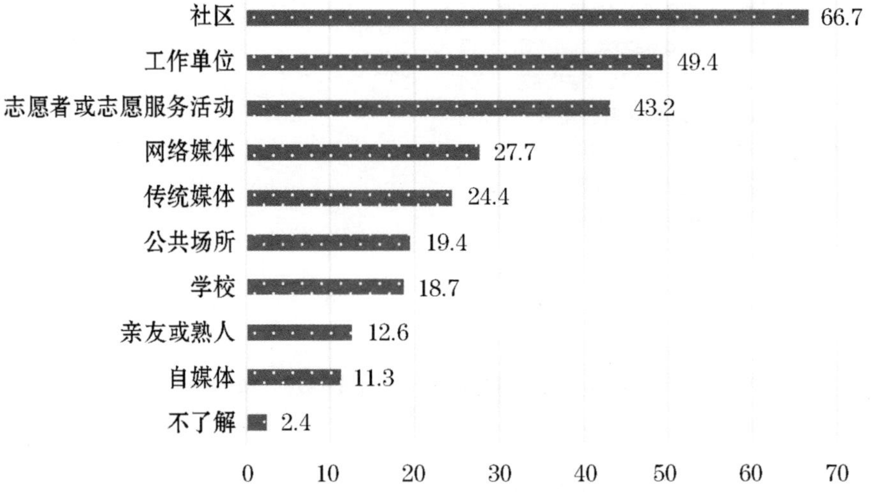

图6　居民了解志愿服务的途径　单位(%)

四　天津志愿服务发展对策

志愿服务的发展是系统工程,一方面要有针对性地补齐短板,加强薄弱环节,促进系统均衡协调;另一方面要立足实践,瞄准更高目标,进行要素和结构优化,促使整体升级。因此,进一步推动天津志愿服务向纵深发展需从以下六个方面着力。

(一)健全志愿服务管理机制

在《天津市志愿服务条例》基础上,分门别类建立志愿服务管理的实施细则和规定。要落实志愿服务嘉许激励办法,进一步完善志愿服务激励机制，多元激励措施并举，全面增强激励效果。拓展志愿服务的资金支持渠道，鼓励社会组织和各界人士捐款资助，设立天津市志愿服务基金，为志愿服务提供资金和物质保障。进一步规范志愿者招募注册、资格审核、培训管理、服务记录、证明出具等工作，使志愿服务工作各环节更具科学性和可操作性。建立志愿服务工作动态化管理机制，实现统一指挥、统一部署、统一调度，做到组织严密、科学高效、规范有序。分领域、分类别加强志愿服务制度建设，如进一步健全应急志愿服务制度，推进应急志愿服务规范化。进一步加强志愿服务保障制度建设，依法制定志愿者人身意外伤害保险措施等有关志愿者权益保障的相关细则，推动多层次、多方位的保障政策落地生效，提高居民参与志愿服务的安全性。要通过有效激励进一步提升发展志愿服务的浓厚氛围，特别是要循序渐进地健全服务补贴和保险保障，进一步激励居民参与热情。调查数据显示，认为应该提供服务补贴和提供保险保障均占50%以上，享受免费服务、宣传优秀事迹、提供服务证明、实行志愿者星级认证，均在40%以上。

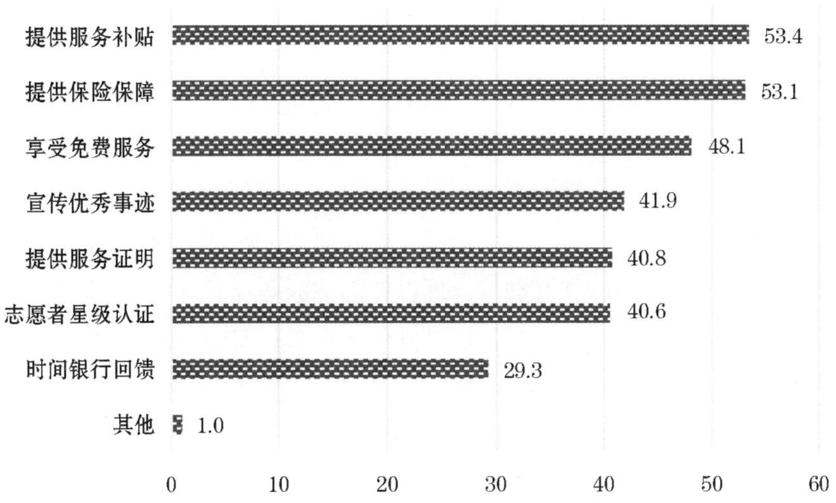

图7 居民对激励志愿服务的有效方法的看法 单位(%)

(二)优化志愿服务平台和载体

充分发挥天津市志愿服务联合会“引领、联合、服务、促进”的牵引作用和聚合平台功能,凝聚社会力量、弘扬志愿精神,为志愿服务创造条件,搭建桥梁,提供舞台。以方便志愿者和群众为中心,加强平台整合升级,形成统一的志愿服务平台,提高志愿者和群众使用平台的便捷度。健全信息化供需对接平台,优化天津志愿服务网的“志愿服务地图”等相关功能,强化志愿服务供给侧与需求侧对接,进一步提高志愿服务的精准度和及时性。优化互联网平台、专业网站功能,完善志愿者 App(应用程序)、微信公众号等载体,提高信息发布的及时性和广泛性,加强信息传播力,以线上促线下,实现志愿服务生活化、网络化、常态化。加快志愿服务站点建设,扩大覆盖面,特别是要加强公共文化志愿服务设施建设。

(三)发展壮大志愿者队伍

志愿服务队伍是志愿服务的基本支撑。推进志愿服务发展必须加强志愿服务队伍建设。在思想引领上,加强思想宣传和精神激励,调动居民参与志愿服务的积极性、主动性。在组织方式上,继续推动党政机关、企事业单位和人民团体建立志愿服务队伍,加强教育、文化、文艺、体育、科技、医疗、法律等志愿服务供给,不断满足群众需求。在服务保障上,为志愿者开展活动提供必要的人身意外伤害保险、设备装备等保障。在志愿服务时间安排上,要根据志愿者对志愿服务的时长和时间偏好,合理设计志愿服务项目,便于调动更多居民更好地参与志愿服务。调查显示,居民倾向于在节假日参与志愿服务,时长偏好于2 小时以上。具体来看,选择周末的最多,愿意在周末、工作日下班后、个人休假期间参与志愿服务的比例均在三成以上;志愿服务时长选择半天以上的占将近一半,2 小时以上的比例占六成以上。

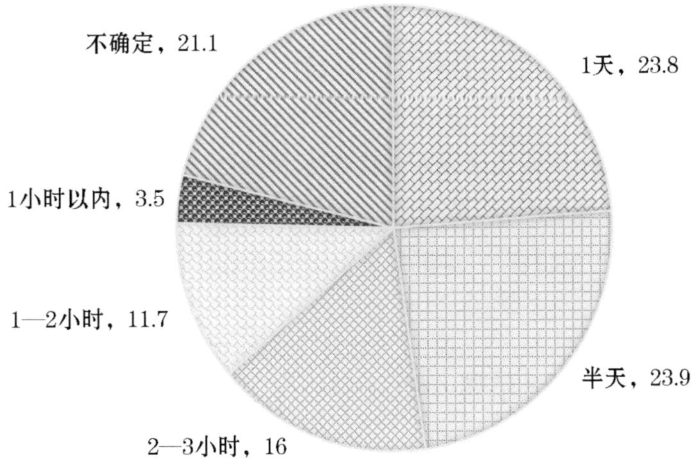

图8　居民对参与志愿服务时长的意愿　单位(%)

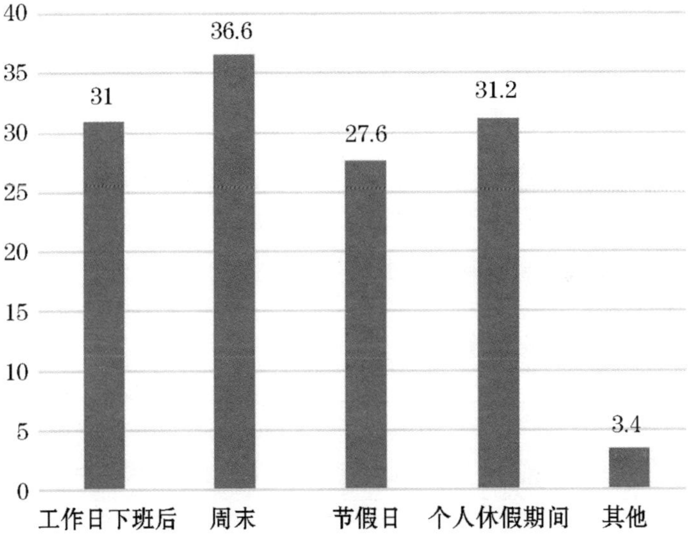

图9　居民的志愿服务时间偏好　单位(%)

(四)丰富志愿服务项目和品牌

立足社会民生,回应群众需求,不断开发新项目,扩展志愿服务范围。健全项目征集和发布平台,建立自主申报、各方推荐、群众评议、综合评审的项目推选机制,增强项目的丰富性和实用价值。对已开展项目进行总结和评估,遴选出基础好、效果佳、可持续性强的项目,加大培育力度,促使其向品牌发展。继续开展“迎朝阳 再出发”志愿服务行动,加强对学雷锋志愿服务先进典型的宣传推选,开展文明实践志愿服务工作交流,组织实地考察、成果展示、项目大赛等,推广成功经验和做法,推进志愿服务精准化、常态化、便利化、品牌化。通过全方位宣传和品牌推广,不断扩大品牌社会效应,发挥品牌对志愿服务的示范引领作用。

(五)加大志愿服务培训力度

依托志愿服务组织,开展线上线下相结合的志愿者培训活动,推出线上课程,组织实操业务演练,提高志愿服务技能和质量。拓展培训内容,根据实际需要设置基础知识、专业技能、素质拓展、管理方法培训项目和课程,提升专业培训质量,加强效果监测。加大心理、教育、法律咨询、应急救援和医疗救助等专业内容培训,完善专业课程设置和师资库建设,实施分层分级培训。创新志愿者培训机制,由各行各业的志愿者承担培训,形成良性循环。建立志愿服务工作成效评估体系,客观评价志愿服务工作的规范化、标准化、专业化水平,及时改进和完善,推动志愿服务工作更加精准、高效。

(六)营造浓厚志愿服务氛围

拓宽宣传渠道,完善网站、微信公众号、短视频平台等志愿服务媒体阵地,探索志愿服务组织媒体发布联动机制,广泛开展志愿精神宣传活动,增强志愿服务宣传能力和效果,增进群众对志愿服务的了解和对志愿者的理解。持续选树志愿服务典型,加大宣传力度和范围,发挥示范带动作用,激发群众参与志愿服务活动的热情。倡导开展以志愿服务为主题的书画、摄影、公益广告等创作活动,广泛弘扬志愿精神,涵养天津志愿服务事业。整合天津志愿服务专业力量,加强新时代志愿服务理论研究,加大对天津志愿服务探索创新成果的总结提炼和宣传阐释,为天津志愿服务的高质量发展提供理论支撑和科学指导,引领志愿服务健康发展。

分 报 告

天津青年志愿服务发展报告①

李宝芳　天津社会科学院社会学研究所副研究员

摘　要： 近年来，天津青年志愿服务组织网络和服务平台日益完善，青年志愿服务规模和领域持续拓展，志愿服务品牌项目常态化推进，在统筹推进新冠肺炎疫情防控和经济社会发展，服务民生大计、推进社会治理中发挥着日益重要的作用，已成为天津现代化治理体系的有效构成和现代化治理能力的有生力量。但是目前仍存在一些短板制约着青年志愿服务的持续发展，如人才不足、长效性缺乏、资源整合有待加强等。为进一步推动青年志愿服务高质量发展，需要注重顶层设计，着力加强青年志愿服务制度建设；发挥“共青团+”优势，不断加强青年志愿服务组织建设；加大扶持力度，注重青年志愿服务队伍和能力建设，推动青年志愿服务在服务青年成长、满足社会需求、引领文明风尚、创新社会治理等方面做出新贡献。

关键词： 天津　青年志愿服务　赛会志愿服务

① 本文部分资料得到共青团天津市委员会、天津市青年志愿者协会的支持，特此感谢！

自从1993年共青团中央启动“中国青年志愿者行动”、1994年中国青年志愿者协会成立以来,中国青年志愿服务经过数十年的发展壮大,服务领域和水平持续提高,逐渐成为广大青年同心协力建设国家、推动社会进步的重要载体。进入中国特色社会主义新时代,青年志愿服务通过促进社会发展、推进民生改善、参与治理创新、加强文明建设,在社会各个领域奉献爱心、服务社会,赢得了广泛的认可和赞誉。青年志愿者一直是天津志愿服务的先锋力量,近年来更是成为天津现代化治理体系的有效构成和现代化治理能力的有生力量。青年志愿者的参与热情不断高涨,青年志愿组织网络和服务平台日益完善,青年志愿服务规模和领域持续拓展,志愿服务项目常态化推进,大型赛会青年志愿服务品牌不断强化,青年志愿服务在统筹推进新冠肺炎疫情防控和经济社会发展,服务民生大计、推进社会治理中发挥着日益重要的作用。

一　天津青年志愿服务发展概况与成效

(一)奠定发展基础,组织网络和服务平台日益完善

一是青年志愿服务组织体系不断健全。近年来,天津非常注重青年志愿服务组织体系建设。各级青年志愿者协会广泛联系、吸纳、引导、培育青年志愿者组织和公益组织,形成了一个以各级团组织为核心的社会化组织体系,发挥了枢纽型组织作用。2021年,区级青年志愿者协会加快建设,全市青年志愿者协会覆盖率达到100%。天津各大高校普遍建立青年志愿者协会,组织青年志愿者队伍,开展各类志愿服务活动,打造特色志愿服务项目,积极投身公益事业。

二是青年志愿服务网络平台持续完善。适应网络社会发展趋势,不断适应社会需求和青年特点,天津持续完善网络志愿服务平台,探索形成以网络为媒介动员、宣传、组织、开展青年志愿服务的互联网发展格局。天津依托共青团天津市委员会(以下简称团市委)微信公众号——“津彩青春”、天津市青年志愿者协会官方微信公众号——“天津青年志愿者”、“志愿汇”信息系统移动

客户端等新媒体,建立贴合青年阅读习惯和上网实际的手机端志愿服务平台。初步形成了以线上注册登记、服务供需对接为主要特点的青年志愿服务管理运行模式,方便社区通过互联网快捷有效地发起志愿项目,志愿者便捷有效地参与志愿服务活动,基本实现了线上线下有效对接、需求快速响应、供需精准匹配、服务规范透明、资源高效配置的目标。

三是青年志愿服务交流平台积极搭建。天津共青团积极搭建志愿服务交流平台,广泛组织青年志愿服务团队和志愿者参与志愿服务项目大赛,深入发掘可推广的基层项目,培育有实效、可持续、能复制的优秀志愿服务项目。2020 年第五届青年志愿服务项目大赛暨志愿服务交流会以“志愿新时代 共筑中国梦”为主题,致力于打造集项目展示、组织交流、文化引领和资源配置于一体的全国志愿服务综合平台。天津青年志愿服务参赛项目数量多、类型多样。参赛项目涵盖脱贫攻坚、环境保护、文明实践、关爱少年儿童、为老服务、阳光助残、卫生健康、应急救援与抗击疫情、社区治理与邻里守望、节水护水志愿服务与水利公益宣传教育、文化传播与旅游服务、法律服务与普法 12 大类 206 个项目。经过各赛区初赛和市级复赛,最终 32 个项目脱颖而出,分别获得天津赛区的金、银、铜奖,并代表天津参加全国项目大赛。

(二)凝聚更多力量,志愿服务规模与领域持续拓展

多年来,天津青年志愿者积极活跃在社会建设和社会治理的各个领域,走进社区、走进乡村、走进基层,广泛开展扶老助残、法律咨询、关爱青少年、卫生健康、环境保护、抢险救灾、社区治理等志愿服务,不断拓展服务领域,持续创新服务项目与内涵,为社会进步、经济发展、民生改善做出了积极贡献,成为共建共治共享社会治理格局的重要参与者和积极建设者。

一是青年志愿服务规模持续扩大。多年来天津持续加强青年志愿服务队伍建设,在机关、企事业单位、学校、街道、社区等普遍成立青年志愿服务队。企事业单位中比较典型的青年志愿服务队伍有国网天津滨海供电公司“黎明”青年志愿服务队、天津轨道交通“红铆钉”志愿服务队、中建六局绿建公司的“青芯”青年志愿队等。高校的青年志愿服队伍有天津师范大学心理学部“风

雨同心”学雷锋服务队、天津外国语大学蓝天志愿服务队、南开大学公益家教志愿者团队等。街道和社区的青年志愿服务队伍有天津市宝坻区一家亲青年志愿服务社、河北区“爱益启”社区矫正志愿服务队、河东区神州花园社区志愿服务队等。全市青年志愿服务活动、青年志愿服务组织以及注册的青年志愿者数量逐年增长。截至 2019 年末,全市注册志愿者 232.3 万人,其中青年志愿者 94.6 万人,占比 40.7%,是志愿者中最大的一支队伍。2021 年,天津共青团以打造学雷锋“志愿服务之城”要求为契机,大力加强青年志愿者队伍建设,提升青年志愿者的社会化动员力,全市新增注册青年志愿者105,478人,新增青年志愿服务组织 2889 家,新增志愿服务累计时长 69 万小时。

二是扎根社区开展青年志愿服务。社区是青年志愿服务的主场景、主阵地,是青年志愿者参与基层社会治理的重要渠道。2019 年,天津启动青年志愿服务进社区试点工作,在全市 16 个试点社区,有计划地组织志愿团队为社区提供各类志愿服务。在试点社区调研基础上开展“加强青年志愿服务进社区的探索和实践”专题调研,对典型经验进行宣传推广。2021 年,团中央开展“社区青春行动”,通过调研摸底并经团中央审核,最终天津市 21 个社区纳入全国首批社区青春行动实施社区,以常态化开展的“四点半课堂”“七彩假期”等市级品牌活动为切入点,结合社区需求和工作实际,探索实施“神兽自习室”“博士妈妈团”等优秀志愿服务项目,帮助社区强化过程管理和实效管理,把准方向、持续用力,提升项目服务水平,努力打造党政有支持、社会有影响、青年有获得感的社区领域共青团工作品牌。

三是应急青年志愿服务队伍加快建设。近年来,天津应急青年志愿服务加快发展步伐,全市应急青年志愿服务体系建设进一步完善。为发挥青年志愿者在应急事件辅助性服务和应急宣传教育中的作用,推动全市应急志愿服务体系建设。2020 年底,天津团市委探索建立了市区两级青年应急志愿服务队,通过参加应急知识、技能等培训和演练,能够发挥就近、快速、灵活的优势,参与突发事件应急处置辅助性工作和日常防灾减灾救灾宣传教育、应急演练中的志愿服务活动和应对应急突发事件中的辅助性志愿工作。市级青年应急志愿服务队目前由专业翻译团队、心理援助团队、灾害救援团队、医疗服务团队、便民服务团队五支分队组成,队员近百人。2021 年,青年应急志愿服务队邀请院前急救、消防救援、水域救援等领域专业老师为青年应急志愿者进行专业培训,联合天津海事局共同开展了 2021 年天津市青年海上搜救技能比武活动等,大力提高应急志愿服务水平。

四是疫情防控应急青年志愿服务成效突出。新冠肺炎疫情发生以来,天津结合现实需要,大力推动疫情防控青年应急志愿服务。2020 年,印发了《天津市青年志愿者参与疫情防控志愿服务培训手册》,引导更多青年积极参与疫情防控,并加强岗前培训。疫情防控关键时期,有12,410名青年志愿者参与社区一线疫情防控,主动坚守在社区、村防控一线,担负起社区值守、卫生消杀、便民服务、政策宣传等志愿服务,服务时长超过 110 万小时。1350 名青年志愿者与援鄂、一线医务人员及家属进行结对服务,针对需求,将慰问物品送至家中,提供代买物品、办理小区出入证、修理下水道、修缮漏雨房屋等便民服务。美发行业青年志愿者为一线医务人员、公安干警及医务人员家属义务理发 8000 多人次。针对一线医务人员子女学习的需求,天津大学、天津医科大学、天津中医药大学等 18 所高校的 903 名大学生志愿者提供了一对一、多对一的线上辅导,时长超过 1.6 万小时。针对一线医务人员的心理需求,33 名心理服务志愿者从 2020 年 1 月 31 日起,24 小时接听 12355 心理服务热线电话。① 在 2022 年初抗击新冠肺炎疫情(奥密克戎)中,据不完全统计,参与疫情防控的志愿者达 114 万人次,有组织的志愿者有270,448人,自发加入抗疫的志愿者有147,766人。其中,青年志愿者占 15.8%。

(三)注重需求导向,志愿服务品牌项目常态化推进

青年志愿者行动始终坚持需求导向、项目驱动。在多年实践过程中,天津青年志愿服务涌现出许多品牌服务项目,形成类型多样、组织完备的项目体系,包括服务春运的“暖冬行动”项目,关爱和帮扶留守儿童、残疾青少年、农民

① 王音、陈璠:《全市 7.2 万名团员青年社区“参战”》,新华网,2020 年 4 月 15 日访问,http://www.tjxinhuanet.com/news/2020-04/15/c_1125858498.htm。

工未成年子女、困难青少年等群体的“青心护航同成长”项目、“七彩假期”项目,聚焦生态文明教育、绿色生活实践、生态环境保护、农村全域清洁等领域的“生态文明 青年先行”项目,以群众需求和社会发展为导向、推动乡村文化振兴、促进文明城市创建、推动天津精神文明建设的“文明实践青助力”项目等。这些项目连续多年常态化开展,持续时间长,且项目内涵不断丰富创新。

第一,节假日志愿服务常态化开展。每年的“学雷锋日”和春运期间,青年志愿服务都常态化开展多项活动,示范效应突出。2019 年,在“志愿青春·与国同行”天津市“3·5”学雷锋活动中,全市各级共青团组织共发起一千一百余个志愿服务项目,其中筛选出的 200 个项目面向社会公布并接受市民报名参与,营造了很好的志愿服务氛围。2019 年天津青年志愿者在服务春运的“暖冬行动”中,组织三千多名青年志愿者在火车站、机场、长途客运站为旅客提供引导帮扶、为农民工义务订票活动,为旅客提供了切实有效的帮助。2020 年青年志愿者在服务春运“暖冬行动”中,启动了“青春暖冬志愿服务队”授旗仪式暨南站志愿服务日活动,组织多名青年志愿者、青年志愿服务团队在火车站、机场等交通枢纽为旅客提供力所能及的帮助。

第二,关爱特殊人群志愿服务参与广泛。2020 年,在“七彩假期”青年志愿者关爱农村留守儿童志愿服务项目中,全市 16 个团区委、9 个大专院校组织、部分青年社会组织,组织青年志愿服务团队、团员青年志愿者服务留守儿童、城市随迁子女等青少年三千二百余人次。2021 年,团市委联合市民政局、市教委、市少工委开展“寸草心”“手足情”志愿助老行动,首批启动 51 个工作试点,由 14 所大学、13 所中学、14 所小学通过“一对一”或“一对多”的方式与 51 个国办、民办养老机构结成“寸草心”志愿助老对子,大力开展助老志愿服务。

第三,生态文明志愿服务不断推陈出新。2020 年,“生态文明·青年先行”志愿服务进社区——垃圾分类专题培训及志愿服务项目启动,青少年事务社工深入社区、村居、校园开展“生态文明·青年先行——垃圾分类”项目,共有 2000 多名青少年参与开展了“生态文明·志愿先行”青年志愿服务主题系列活动。2021 年,各级团组织开展“生态文明·志愿先行”青年志愿服务活动，包括“绿色低碳”志愿服务、“河小青·守护碧水”志愿服务、“垃圾分类”志愿服务等六大类。全国节能周期间开发上线垃圾分类小游戏，掀起全民打卡热潮。

（四）注重专业化发展，大型赛会志愿服务品牌不断强化

大型赛会青年志愿服务是青年志愿服务的典型和品牌，大型赛会能否成功举办在很大程度上取决于青年志愿服务的水平。从2008年北京奥运会到2016年G20杭州峰会，从2010年广州亚运会到2022年北京冬奥会，在大型赛会的服务现场，青年志愿者因具备较高的文化专业素养、较好的身体素质，一直是当仁不让的服务主力军，贡献卓著。天津大型赛会青年志愿服务通过多年发展，服务流程日益精细，服务水平不断提升，运行机制日趋专业化。青年志愿者以昂扬的精神面貌和周到专业的服务为多项大型赛会的顺利举办做出了重要贡献，赛会志愿服务成为青年志愿服务的金字招牌。

一是赛会青年志愿服务日趋专业化。大型赛会青年志愿服务历经多年发展，运行机制日益走向专业化，特别注重对赛前招募、选拔、组织、培训等各流程的精细管理，志愿服务日趋精准高效。为迎接2019年第十届残运会暨第七届特奥会，根据比赛项目多、场馆分布广的特点，以及“总量控制、按需安排、馆校对接、调剂使用”工作原则，建立了150名高校团委教师组成的志愿者督导教师队伍，选拔培养了600名志愿者骨干，形成了以组委会志愿者部为指挥中心、各场馆志愿者管理部门分级调配、高校志愿服务团队分工负责，志愿者督导教师和志愿者骨干协同联动的志愿者工作组织体系。畅通工作机制，实行志愿服务工作日报告制度、志愿者使用反馈机制等规范性机制，使志愿服务能够精准对接、精细服务。坚持日常培训和集中培训、通用培训和专项培训“双结合”的强化培训方式，分级分层分类进行培训辅导。编发《残运会特奥会志愿服务读本》，特别邀请市残联的专业老师进行现场培训，让志愿者们掌握实用助残技巧，提高志愿者的专业服务能力。

二是赛会青年志愿服务水平不断提升。经过多年的实践和经验累积，无论是赛会青年志愿者数量、服务时长，还是赛会青年志愿服务水平都得到较快

提升。2019 年,7500 名青年志愿者在 19 个残运场馆、8 个特奥场馆,天津机场、天津站等 4 个场站,以及二十余个接待酒店等地,围绕竞赛组织、场馆运行、接待服务、大型活动、文体展演等内容,为来自 35 个代表团、3481 名运动员、1599 个比赛项目的运动员、教练员、技术官员和媒体记者提供了温馨周到的服务,志愿者参与各类培训 2.9 万人次,累计服务时长 110 余万小时,圆满完成了第十届残运会暨第七届特奥会志愿服务工作。同年,还有千余名青年志愿者参与并顺利完成第三届世界智能大会、网络安全周、WTA 天津公开赛、国际直升机博览会、扶贫展销会等大型活动志愿服务工作,展示出天津青年的青春担当和时代风采。2021 年,青年志愿者圆满完成第五届世界智能大会、国家会展中心(天津)首展、中国(天津)非公有制经济发展论坛、第 105 届糖酒会志愿服务工作,服务参展观众及来宾达 50 万人次,累计服务时长 6 万小时。

(五)注重挖掘典型,不断健全志愿服务激励机制

第一,注重挖掘志愿服务优秀典型。天津一直注重对青年志愿者的激励和表彰,努力培育优秀志愿服务典型,挖掘一大批天津青年志愿服务典型,推荐参评中国青年志愿者优秀个人奖、组织奖评选,吸引更多的团员青年关注志愿服务、投身志愿服务。其中,2019 年,推荐 15 名优秀志愿者和 12 个优秀青年志愿服务团队成为中国青年志愿者协会第五届理事会会员,3 名个人和 3 个团队当选理事,为促进青年志愿服务事业贡献智慧和力量。2020 年,推荐天津农学院青年志愿者刘园园参加全国“2020 年百名最美生态环保志愿者”评选并获奖。推荐疫情防控青年志愿者参加共青团中央、中国青年志愿者协会开展的抗击新冠肺炎疫情青年志愿服务先进个人和先进集体评选,天津商业大学的李迪馨等 4 人获得抗击新冠肺炎疫情青年志愿服务先进个人,万事兴集团青年志愿服务队获得抗击新冠肺炎疫情青年志愿服务先进集体。2021 年,天津推荐的 7 名个人、4 个集体获评第十三届中国青年志愿者优秀个人奖、组织奖。同年,天津市学雷锋志愿服务“六个一批”先进典型名单中,入选的 49 个优秀志愿服务团队中,天津音乐学院大学生志愿者艺术团、天津财经大学青年志愿者协会、天津中医药大学博硕士服务团、天津大学研究生支教团、天津

外国语大学青年志愿者协会、天津三中青年志愿服务队、天津师范大学研究生支教团、武清区青年志愿者协会等多个青年志愿服务团队都榜上有名。

第二,多形式健全志愿服务激励机制。天津积极探索和推进激励保障的有效举措,制定支持和发展青年志愿服务组织、推进青年志愿服务制度化的政策和志愿者礼遇办法。在青年志愿者中开展守信联合激励,依托平台“服务时长 + 服务效果”的青年志愿服务积分评价体系,建立“星级评定”制度,将志愿服务评价以积分的形式加以量化考核,志愿者通过参与志愿服务活动取得线上积分,把积分作为选树先进、推优入党、打造品牌的重要参考,在学校、单位的评优评先、公派出国等遴选中,同等条件下,对星级青年志愿者予以优先考虑,在生活服务、娱乐休闲、出行旅游等领域,给予星级青年志愿者减免优惠,更好地满足青年的荣誉感和获得感。天津市委教育工委、天津市教委印发建立大学生思想教育实践学分制度的文件,将实践育人和志愿服务纳入学分体系,把大学生志愿服务活动情况与思想教育、社会实践一并作为记录的主要内容,并作为推优入党、评优表彰、推荐免试研究生等重要参考,形成关爱礼遇青年志愿者的浓厚氛围。

二　天津青年志愿服务面临的挑战

虽然天津青年志愿服务发展态势良好,在弘扬社会主义核心价值观、助力社会治理、创文创卫、改善民生等方面做出了重要贡献,但是亦不能否认,青年志愿服务仍面临一些明显的挑战与短板,如人才资源不足、服务长效性缺乏、服务资源整合有待加强等,严重阻碍着青年志愿服务的持续发展。

(一)青年志愿者人才资源不足

天津青年志愿者人才资源不足主要体现在以下两个方面:一是青年志愿者流动性较大,队伍不稳定。天津青年志愿者有很大一部分由在校学生组成,受升学、就业压力的影响,志愿者流动性较大,能够经常性参加志愿活动的人数占比不高。二是青年志愿组织缺乏优秀的管理人才。与政府和企业相比,志愿组织的就业稳定性较差、待遇低,甚至相当一部分志愿组织管理人员没有报酬或兼职劳动。没有物质保障的工作条件很难保持管理队伍的稳定,更难以吸引优秀的管理人才。而且,大部分管理者没有接受过系统的社会学、管理学等专业知识的教育培训,不具备管理志愿组织的经验,只是机械地将政府部门的管理办法照搬过来,甚至有的管理者自身对志愿服务的理解就有偏差,这势必会影响组织能力的提高和服务工作的开展。

(二)青年志愿服务缺乏长效性

当前天津青年志愿者群体依旧以高校青年志愿者为主,尽管高校青年志愿者在思想认识、专业知识等方面具有较大优势,但缺乏必要的人生阅历、社会经验以及实践能力,志愿服务范围主要局限于校园及周边地区,参与社会治理的志愿服务内容与形式依旧比较单一,很多志愿服务项目都与所学专业不符,缺乏创新性,无法得到社会认可。青年志愿者参与积极性较高,但成员的流动性较大导致志愿服务组织缺乏稳定性,大部分志愿者由于个人学习、工作、就业等因素,服务时间持续性较短,影响志愿服务的稳定性。甚至存在为完成上级任务而突击开展志愿服务活动的情况,开展志愿服务流于形式,这也严重影响了青年志愿服务的质量与水平。

(三)青年志愿服务资源整合有待加强

天津青年志愿服务在一定程度上仍然存在低效、无序、专业服务能力低等问题,高校、企业、社会组织开展的青年志愿服务大多数还是“各自为战”,沟通交流和整合不足,缺乏有效沟通、协调、衔接、共享机制。虽然天津青年志愿服务已在项目供需对接上取得一定的效果,但高校和社区作为现有志愿服务活动供给和需求的两大主要载体,联动效用发挥不足的情况依然突出。目前天津有56所高等院校,在校生多达几十万人,是一个庞大的组织群体。虽然团组织能够有效覆盖高校系统,但更多的是对智慧团建、青年学习等业务工作的指导,志愿服务工作仍没有形成合力。由于社区对志愿服务的专业化要求不断提升,高校对志愿者的招募机制和培训系统不够规范,双方缺乏有效的供需对接机制，大学生志愿服务也难以满足社区的多样化志愿服务需要，造成志愿服务项目和工作共享机制缺乏，高校和社区志愿服务“两张皮”的现象仍在一定程度上存在。

三 推动天津青年志愿服务高质量发展的对策建议

青年志愿服务需坚持整体谋划，发挥青年志愿服务在教育引领青年中的积极作用，以实际行动参与推动基层社会治理。坚持统筹联动，让青年志愿服务成为推动社会发展和精神文明建设的骨干力量，继续推动青年志愿服务制度、组织、队伍、项目等建设取得突破，保持在志愿服务事业中的“排头兵”地位，在服务青年成长、满足社会需求、引领文明风尚、创新社会治理等方面做出新贡献。

（一）注重顶层设计，着力加强青年志愿服务制度建设

注重发展目标和需求导向，加强青年志愿服务事业的顶层设计，做好青年志愿服务发展的中长期规划和行动计划。优化管理服务机制，完善青年志愿者的注册、认证、考核和激励等实施细则，健全社会化运行机制，建立开放性的宣传动员、招募派遣、管理服务、资源整合等制度。完善志愿服务培训机制，通过理论培训、实务演习等方式，提高志愿者的专业化水平，强化志愿者对志愿组织的认同，提高组织效率。以内部标准或行业标准的形态，推动大型赛会志愿服务标准等实践成果的转化。以完善星级志愿者体系标准为核心，加强激励评价机制建设，创新激励形式，完善具有鲜明青年特色的嘉许制度。健全志愿服务（时长）登记制度，推行“时间储蓄”制度，对青年志愿者的服务经历进行鉴定并记录备案，作为青年志愿者在以后生活中优先享受志愿服务的依据。构建分层分类志愿服务项目库，形成规模宏大、来源广泛、门类齐全、管理规范的青年志愿服务项目体系，推动青年志愿服务制度化、日常化、便利化开展。建立青年志愿服务反馈评估制度，规范志愿服务行为，改进志愿服务方法，提高志愿服务技能，确保志愿服务活动的质量和效果，促进志愿服务项目目标的

顺利实现。

(二)发挥“共青团+”优势,不断加强青年志愿服务组织建设

共青团完备的组织体系赋予青年志愿者行动强大的组织化动员力,这是青年志愿者行动不可替代的核心竞争力。[①] 需充分发挥“共青团+”优势,不断加强青年志愿服务组织能力建设,增强基层青年志愿服务组织活力,不断提升以共青团为核心的青年志愿服务组织体系的动员力和统筹协调能力,打造志愿服务网络化综合服务平台,采取扁平化、项目化方式整合各方资源,多方联动,实现项目和资源的有效对接,实现志愿服务队伍与志愿项目的最优化连接和网络化常态发展,加强对志愿服务的有序引导和管理。通过聚合志愿服务资源,分类打造青年志愿服务组织,整合高校团组织、青年志愿服务组织、企业志愿服务组织,推动不同志愿服务组织或项目间的广泛合作、协同发展,加强志愿者和志愿团体间的交流和服务资源共享。切实加强各级青年志愿者协会建设,以青年志愿者协会的事业化、专业化、社会化发展,提升青年志愿者行动组织化动员基础上的社会化动员力,进而助力提升基层团组织的影响力和凝聚力。以项目化、网络化方式整合社会资源,努力把青年志愿者协会建设成为政府购买服务的“中转站”、社会公益资源的“聚集地”、深化交流合作的“大平台”。[②]

(三)加大扶持力度,注重青年志愿服务队伍和能力建设

政府及有关公益组织需加大扶持力度,加强对志愿服务队伍建设、项目开发、志愿者能力提升、业务支持等方面的规划、指导、培育与激励,特别是要加大对骨干志愿者分层次、分领域的培训和支持力度,完善基层志愿服务制度,增强青年志愿服务的内在感召力,培养一支规模庞大、来源广泛、结构

① 张朝晖:《着力健全青年志愿服务体系》,《中国青年报》2019 年 11 月 26 日。

② 徐晓:《做实项目、做强体系、做大文化　推动新时代青年志愿者事业高质量发展》,《中国共青团》2022 年第 5 期。

合理、能力突出的青年志愿服务队伍。要加强青年志愿服务组织初期的运作帮扶，通过政府购买服务、引导和鼓励有关机构提供免费服务，在审计、税务和法律等方面给予帮助和指导，以提升其运作能力。随着社会需求的日益多元化和志愿服务事业的范围逐步扩大，除了环境保护、扶贫救助、西部计划等志愿服务之外，老年护理、医疗康复等领域的志愿服务需求越来越迫切。由于特殊领域所要求的专业性服务对进行常规化服务的志愿者提出了挑战，因此需要青年志愿者提高专业志愿服务的意识、丰富特殊领域的知识和提升专业技能等，增强自身的综合素质，全面提高个体志愿服务的能力。为此，必须高度重视志愿者的培训工作，在高校开设专业化志愿服务选修课程，为青年志愿者提供学习的机会，引进相关领域的专业人员为青年志愿者提供实务培训等，提升志愿者的专业素养，加强志愿服务的供给侧结构性改革，提高青年志愿服务队伍的整体素质，打造专业化的青年志愿服务队伍，为需求方提供满意的志愿服务。

参考文献：

[1]广东省团校志愿服务研究中心课题组、谭建光：《中国青年志愿服务体系的构建及其价值》，《广东青年研究》2021 年第 3 期。

[2]谭建光：《中国志愿服务：从青年到社会——改革开放 40 年青年志愿服务的价值分析》，《中国青年研究》2018 年第 4 期。

[3]上海市精神文明建设委员会办公室主编：《上海志愿服务蓝皮书（2020）》，上海人民出版社，2020。

天津科技志愿服务发展报告①

高　原　天津社会科学院社会学研究所副研究员

摘　要： 科技志愿服务是当代志愿服务不可或缺的组成部分，对涵养全社会科学精神、提升全民科学文化素质、改善人民生产生活水平、营造科学文化氛围起到重要促进作用。本报告在对天津科技志愿服务现状进行深入调查的基础上，从科技志愿者人才队伍建设、科技志愿服务活动开展、科技志愿者工作热情激励以及科技志愿服务品牌项目创建等方面总结经验，对当前科技志愿服务的资源整合、队伍管理和工作成效等方面存在的问题进行分析和探究。新时期为促进天津科技志愿服务进一步发展，建议从科技志愿者队伍构建、科技志愿机构资源统筹、科技志愿者及团队管理和科技志愿活动服务质量四方面加强建设。

关键词： 科技志愿者　科技志愿服务　发展建议

科技志愿服务是科技志愿者及志愿服务组织运用系统化的知识技术，为推动社会进步而提供的志愿服务。科技志愿服务范围十分广泛，包括科学技术普及、医疗健康咨询、农业技术推广、专业技术服务等多个领域，具有科学性、专业性、时效性、精准性等特点。按照中国科学技术协会关于扎实开展科技志愿服务行动的部署要求，在市文明办指导下，天津坚持以基层之难、企业之困、民众之盼为导向，深入开展了以疫情防控、科技惠民、科学普及等为主题的一系列科技志愿服务行动。

① 本文部分资料得到天津市科学技术协会的支持，特此感谢！

一　天津科技志愿服务发展情况

近年来,天津积极搭建科技和科普服务基层的供需对接平台,广泛动员全市科技工作者投身科技志愿服务,弘扬和践行“研必以报效国家为己任,学必以服务人民为荣光”的科技志愿服务精神。科技志愿者和志愿团队以不断提升人民群众的幸福感、获得感为出发点和落脚点,面向基层开展丰富多样、满足需求的科技志愿服务活动,为提高全民科学素质及服务天津市高质量发展做出了积极贡献。经过多年科技志愿服务实践,天津形成了具有鲜明特色的经验做法。

(一)科技志愿服务工作实施概况

1. 持续壮大科技志愿服务队伍

天津市重视科技志愿服务组织体系建设,不断健全组织网络。注重吸纳科普信息员、科技专家、基层“N 长”等工作者成为科技志愿者;积极动员市级学会、各区科协、高校科协、企业科协等开展志愿服务,形成了多方力量参与、规模大、结构精的科技志愿服务队伍,科技志愿服务力量不断壮大,志愿服务的专业化水平不断提高。与此同时,注重加强对科技志愿者的日常管理,指导各区、高校、企业等各级各类科协做好志愿者招募注册、项目发布、服务记录评价等工作。目前天津现有科技志愿服务组织 3689 个、科技志愿者 13.5 万人,位列全国第二,这奠定了科技志愿服务的组织基础和人才基础。2021 年,天津市 1 名科技志愿者、1 支科技志愿服务队被中国科学技术协会选树为先进典型。

2. 扎实推进科技志愿服务活动

第一,开展助力新时代文明实践中心建设活动。坚持党建引领,充分发挥科协系统的组织协调优势和人才资源优势,以新时代文明实践中心(所、站)为阵地,广泛开展科技志愿服务活动。依托新时代文明实践中心(所、站),统筹各类科普场馆、科普教育基地、科普大篷车等,夯实科技志愿服务阵地建设。

通过调查和走访等形式摸清人民群众生产生活需求,发动学会、高校科研院所、科技型企业等人才资源,围绕百姓关心的“衣食住行、业教保医”等开展“嵌入式”志愿服务,探索实行资源和需求双向选择,将“订单式服务”与“需求式邀课”有机结合,“理论教学”与“实践活动”合理搭配,有效开展科技服务活动、开拓科技志愿服务项目。近年来,累计常态化组织政策宣讲、科普报告、科技培训、技术咨询、农技服务、医疗服务等各类科技志愿服务活动6500余场。初步实现科协组织在新时代文明实践中心建设中“看得见身影、听得到声音、发挥出作用”,促使科技志愿服务受益人数不断增长。

第二,开展乡村振兴行动。深入推进科技志愿服务走进农村,巩固拓展脱贫攻坚成果同乡村振兴有效衔接。组织农业科技志愿服务队深入乡村,在农业产业规划、科普基地建设、名优品种选育推广、卫生设施标准化建设等方面提供多方位的指导和支持,有效推动科学先进的理念和技术落实到乡村建设上。扎实开展以“绿色种养循环”为主题的“送科技下乡”科技志愿服务行动,组织农技专家围绕绿色种养循环农业中的堵点问题,面对面讲解、手把手培训,得到农户一致好评。组织科技志愿者到武清区曹子里镇六里庄村调研,针对该村绿化树木病虫害严重、村庄绿化缺乏科学合理规划等问题开展技术帮扶。天津市天文学会志愿者服务支队3次前往甘肃省合水县和碌曲县开展扶贫扶智,为当地学校搭建天文教室,带去天文望远镜,让学生感受到了天文的魅力。经初步统计,共开展助力乡村振兴科技志愿服务行动5200余场次。科技志愿服务为促进农民富裕、推进乡村振兴做出了积极贡献。

第三,开展科技与经济融合行动。组织市级学会、高校、科研院所等单位,成立114支科技志愿服务队,深入企业调研,促进企业需求与技术供给精准对接,促进科技成果转化落地,服务经济高质量发展。引入中国科学技术协会“科创中国”创新资源,不断推动完善“科创中国”人才智力等创新资源与天津市产业(人才)联盟的实际需求长效对接机制,相继建立了一批产业技术人才联合体、全国学会服务站,重点推进信创、生物医药等产业(人才)联盟与全国学会在人才培养、标准制定、技术服务、组织创新等方面开展深度合作,推动了“科创中国”开源创新联合体与天津滨海高新区、中关村软件园签署三方战略合作协议。举办“科创中国”科技服务团、“科创中国”开源创新联合体、京津冀数字经济联盟与天津市半导体集成电路人才创新创业联盟、天津市信息技术应用创新产业(人才)联盟对接活动,分别围绕半导体集成电路产业、信创产业发展开展对接交流。市精益管理创新学会引入全国学会创新资源,联合中国机械工程学会工业工程分会,在滨海高新区成功举办“工业工程精益管理创新行”活动,宣讲前沿创新理论、调研企业实际需求,助力天津市“科创中国”品牌系列活动的打造和现代工业产业体的构建。大批科技志愿者活跃在科技与经济融合发展一线,有针对性地开展规划论证、研发合作、技术咨询等服务,指导企业管理创新、切实提升企业高质量发展水平,有力地促进了创新要素向产业流动,有效地服务了区域科技创新与经济社会高质量融合发展。

第四,开展服务青少年科技教育行动。深化落实“双减”政策,组织科技志愿服务队走进中小学,将自主开发的科学实验与中小学课后拓展、科学实验课堂联动,促进校内外科技教育资源的有效衔接与融合,充分发挥科普资源在提升青少年科学素质中的重要作用。和平区青少年科普教师志愿服务队以全国科普教育基地和全国中小学环境教育社会实践基地的青少年宫为依托,每年面向全区青少年开展机器人体验互动、拼装、比赛与展示,以及青少年创客体验、3D 打印技术等科普教育活动六十余项,参与学生人数三万余人,为青少年搭建研究科学现象、解决科学问题的前瞻梦想空间。天津科技大学中科蓝海科技志愿服务队依托天津科技大学、天津滨海中关村研发服务平台,面向 3 至 15 岁的孩子,在天津滨海中关村设立“科学实验星期六”项目,每周开设 2 场科学实验课,发起“百场青少年科学实验面对面系列活动”,项目式、探索式为孩子打造专属科学实验课,能够提升科学素养和科学动手能力。系列活动共举办七十余场,科普近万人,中国科学技术协会、网易天津等多家媒体对此进行报道,受到社会广泛好评。青少年科技教育行动共开展活动 2200 余场次,为培养中小学生的科学创新精神和实践能力,促进青少年科学素质普遍提升发挥了积极作用。

第五,开展疫情防控工作。新冠肺炎疫情出现以来,市科学技术协会积极开展全域防疫应急科普工作,在引导科学防控、稳定群众心理方面发挥积极作用。其利用网络直播等方式创新工作模式,服务全市疫情防控工作顺利进行。天津市心理学会科技志愿服务队联合国内多所心理服务机构,汇集全国和天津市相关领域专家,发起“天津抗疫,心理援助”系列公益行动,针对人民群众在疫情防控期间的心理需求,连续开展 4 场线上心理健康公益直播,累计观看量达到 19 万人次。市科协科普部一名工作人员在居住社区牵头组建志愿服务队,帮助居委会设计“大筛”方案,部署视频直播和微信图文直播,利用哔哩哔哩(B 站)视频直播长达 5 小时,2600 多位居民全程观看,11 个网格群 4000 多位居民同步关注,“津云”纪录片《迎战“奥密克戎”》摄制组全程跟拍,天津卫视《天津新闻》栏目、北方网、中国新闻网均对此进行了报道。武清区科协建立“防疫科普”宣传专栏,借助“武清科普”微信公众号和智慧科普盒子新媒体平台及时推送疫情防控知识,主动为群众答疑释惑,消除群众恐慌情绪,正确引导舆论,树立了科技志愿者的良好社会形象,受到居民广泛赞誉。初步统计,疫情防控科技志愿服务活动共开展 2300 余场次,累计惠及 75 万人次,为疫情防控工作顺利开展贡献了科技力量。

3. 多措并举激发科技志愿者工作热情

第一,强化宣传引领作用,营造良好的科技志愿服务氛围。2020 年 5 月,天津开展优秀科技志愿者、优秀科技志愿服务队选树宣传活动,选树 100 名优秀科技志愿者和 10 支优秀科技志愿服务队,充分利用市科协“两微一端”、科协官网、微信公众号、抖音等媒体,广泛宣传科技志愿者先进典型事迹,展现科技志愿服务工作成果,增强科技工作者参加科技志愿服务活动的荣誉感、自豪感。运用先进典型带动社会各方面力量参与科技志愿服务活动,营造讲科学、爱科学、学科学、用科学的社会氛围。

第二,组织申报全国先进典型,争取经费支持。组织各区科协、各级学会、高校、企业科协等单位积极申报科技志愿先进典型,参加中国科协科技志愿服务首届科技志愿服务项目征集展评交流志愿服务等活动,申报“智惠行动·百会百县乡村行”系列科技志愿服务活动项目。天津市天文学会获得中国科协“智惠行动·百会百县乡村行”项目资助,天津市微量元素学会、水利学会等 9 个学会的志愿服务项目被纳入中国科协省级学会科技志愿服务资源库。

第三，搭建经验交流平台，保障信息畅通。举办天津市街道（乡镇）科协秘书长培训班，邀请北辰区科协党组书记、宁夏回族自治区银川市兴庆区科协秘书长开展科技志愿服务经验交流，重点解决新形势下科技志愿服务"干什么、怎么干"等问题。在全国科技工作日和全国科普日主场活动上安排优秀科技志愿者分享科技志愿经验，交流感想体会。

第四，建立绩效考核制度，注重工作成效。将科技志愿服务纳入各区全域科普工作绩效考评指标，作为衡量全域科普工作开展的重要参考，推动科技志愿服务行动深入落实。2021 年，天津市 14 个区完成了绩效考核指标，发展了一大批科技志愿者，创造性开展了一系列科技志愿服务活动，有效推动了科技志愿服务工作深入持续开展。

（二）典型经验及品牌项目

天津坚持将科技志愿服务作为深化党史学习教育的有效手段、加强精神文明建设的重要抓手、培育和践行社会主义核心价值观的实践载体，着力在打造品牌上下功夫，注重发挥品牌项目的示范带动作用，引领社会各方面力量积极投身科技志愿服务。

1. 北辰区科学技术协会"科普星期六"科技志愿服务品牌

2020 年，突如其来的新冠肺炎疫情严重威胁人民群众的生命安全和身体健康。北辰区科学技术协会积极履行群团职责，开展应急科普工作，弘扬科学防控精神。2020 年 5 月，"科普星期六"科技志愿服务活动正式启动。广大科技志愿者围绕"科学防疫"和"科学普及"在全区 274 个村居面向公众开展科技志愿服务活动，传递科学、文明、健康理念。每周六集中组织以医院院长、学校校长、农技站站长等"三长"为重点的各行业科技志愿者，市、区科协委员及代表等一千余名科技志愿者走进全区各村居、学校，通过群众"点单"，科协"派单"，征集群众的微心愿和民生需求，多方整合资源，务实创新，以精准化的"点单式"志愿服务为载体，让科技志愿服务更加贴民心、达民意。

市科学技术协会指导北辰区科协对接各类人才资源，广泛吸纳专家学者、技术人员、大学生、基层科技人才等加入科技志愿服务队伍，主动担当公众科普责任,贡献科技智慧,以地域、行业为分类标准,构建覆盖全区的科技志愿服务网络。注重探索“科普星期六”长效机制,形成区级“示范”、街镇“亮点”、村居“组织”、人人“参与共享”的工作格局,推动科技志愿服务制度化、规范化、常态化。坚持每周六组织科技志愿服务队进社区、进乡村开展疫情防控、卫生健康、青少年科技等服务,及时将科学知识送到群众家门口,真正做到“周周有活动、月月有亮点”。目前队伍已发展到7000余人,开展活动3500余场,受益群众达10万人次。

2. 天津大学青年科技志愿队“智慧空间站”科技志愿服务品牌

2020年,天津大学积极加入南开区志愿服务联盟,搭建好社区和高校的桥梁,使得有科学兴趣、科普诉求的社区群众、中小学学子等需方要素和天津大学工科优势要素得以精准匹配,从而打通了科技志愿服务深入社区、服务群众的渠道。天津大学主要通过该校青年志愿者协会开展科技志愿服务。天津大学青年志愿者协会由共青团天津大学委员会指导,是公益性学生组织。该协会一边做好校内志愿者的统筹、管理与分配工作,一边为大学生志愿者提供科技志愿服务机会,此外还组建志愿服务团队进行科技志愿服务。天津大学青年志愿者协会在社区科技志愿服务活动中不断贡献力量,发挥了重要作用。

天津市科学技术协会指导天津大学青年科技志愿队打造“智慧空间站”科技志愿服务品牌项目。该项目探索“互联网+教育帮扶”的创新模式,开设线上线下相结合的科技志愿服务模式。线上邀请天津大学杰出校友、青年教师、优秀学子等180余人,根据服务学校需求和学生特点,从化学、环境、人工智能、软件工程等13个不同学科专业入手,打造了“智能机器人的开发与应用”“5G时代无人机的应用”等“云课堂”精品课程,远程视频授课覆盖了新疆维吾尔自治区布尔津县和甘肃省宕昌县各中小学。线下活动由天津大学就读学生在天津市各个社区和中小学中开展,内容涵盖脑控无人机、机器人、智能车等高科技设备组建,引导学生开展创新性、启发式、多元化学习,培养学生的综合素质和创新能力。自2018年以来,累计服务群众2.2万人,志愿服务时长达4.6万小时。

3. 中科蓝海(天津)科技有限公司"青少年科学实验课堂"项目

中科蓝海(天津)科技有限公司的"青少年科学实验课堂"项目是由一支生物医药、人工智能、海洋环境、食品化工领域的博士、硕士、本科生团队创办的,其宗旨是在少年儿童心里播下一颗科学的种子,培养少年儿童科学探索精神。该项目依托天津科技大学、天津滨海中关村研发服务平台,致力于为少年儿童打造一个科普、科创及学术项目指导平台,开张项目式、探索式专属科学实验课,提升少年儿童的科学素养和科学动手能力,让少年儿童用科学思维认知客观世界。除前文提及的"科学实验星期六"项目之外,在第五届世界智能大会(天津市35届科技周主场)首次举办青少年科学实验课堂,通过专家报告、互动实验、动手实操等形式,举办6场活动;与天津市滨海新区科学技术协会、天津市滨海新区教育体育局、中新天津生态城图书档案馆、天津科技大学联合发起"百场青少年科学实验面对面系列活动",深入社区、幼儿园、中小学,为3至15岁青少年带来16场别开生面的科学实验课;深入天津市滨海新区泰达一中、泰达二中举办校园科普开放日活动,送科技进学校;举办生命科学、海洋生物主题科学夏令营;参加新时代文明实践活动暨滨海科技下乡活动,送科技到家门口;与滨海新区科技馆举办"元旦科普惠展"活动,让人民群众感受"黑科技"的魅力。新冠肺炎疫情发生以来,开通视频号、抖音号、微信公众号等,线上线下推进,举办活动70多场,科普1万余人。

2021年,"科普星期六"和"智慧空间站"项目被中国科学技术协会选树为先进典型,项目经验向全国推广。

二　天津科技志愿服务发展存在的问题

如前文所述,多年来天津科技志愿服务工作有序开展。在扎实实践过程中,天津科技志愿服务在队伍建设、活动组织、志愿者参与、品牌项目创建等多个方面取得了初步成效。然而,受多方因素影响,目前大津科技志愿服务工作在许多方面还存在一些问题,主要表现在以下几个方面。

(一)科技志愿服务机构资源整合问题

科技志愿服务目前面临的首要问题是资源整合。一是科学技术协会等社会组织力量与个人自发力量的整合。各类基层组织侧重于组建各类学会、建设展馆,高等院校、科研机构多为参与科技志愿服务。比较来看,个人参与科技志愿服务的力度和广度不够。二是不同领域志愿服务资源的整合不够充分。科技志愿服务不仅在科技领域,还与文化、教育、宣传等多个领域密切相关。然而,目前来看,不同领域之间还存在不同程度的壁垒,渠道还未完全打通,资源整合力度不足,限制了科技志愿服务的发展和提升。各方建立的平台以及职责部门间的管理藩篱影响到志愿服务的发展,部分已投入使用的科技志愿服务 App(应用程序)、微信公众号和网站存在信息发布不及时、线上动态不够活跃、活动开展不够规范等问题。以上情况一定程度影响了志愿者参与科技志愿服务的积极性,导致部分志愿服务组织无法有效利用网络资源,只能在线下招募人员、组织活动等,致使志愿服务的效率有所降低。

(二)科技志愿服务队伍管理问题

科技志愿服务组织具有把社会组织运作和政府支持引导相结合的特点,除政府以外,还有个人、志愿服务团队、公益组织等参与主体。科技志愿服务力量结构复杂,成员数量庞大,科技志愿服务主要由科学技术协会推动。目前,虽然基层各单位通过一些重点工作,推动了科技志愿服务队伍的发展壮大,但志愿服务工作在相关部门绩效考核、评奖中的作用还很微小,各单位重视程度不够。由于欠缺充足物质保障和有力激励机制,志愿服务队伍规模较难维持,志愿精神的弘扬受到一定限制。

(三)科技志愿服务活动开展成效问题

调查显示,群众对科技志愿服务普遍比较认可,认为科技志愿服务对提升科学意识和改变生活方式都有很大影响。但也要看到,科技志愿服务活动存在宣传活动多、精准服务少的现象。尤其是缺少针对特定人群、特定需求、可操作、可持续的科技志愿服务项目,另外,还存在组织不到位、服务地点少、时间安排不适当等问题。以上情况表明科技志愿服务的精准度不够,服务质量有待提升。随着科学技术的不断进步,生活水平的不断提高,人民群众对科技志愿服务的需求日益多样化,对科技志愿服务的质量提出了新的更高要求。如果继续沿用、套用老旧做法,不仅无法开拓群众的知识、技能和眼界,甚至可能引起群众的不满,进而影响后续活动的开展。

三　天津科技志愿服务发展对策与建议

科技志愿服务的主体是掌握专业科技知识的科技工作者和经过培训的志愿者,包括科学家、科研人员、专业人士等。科技志愿服务的范畴为科技密集型、智力密集型专业志愿服务,包括科学技术普及、农技推广、专业技术服务、紧急救援与防灾减灾、人口健康、社区养老、环境生态保护、节水节能、低碳生活等领域。与传统志愿服务相比,科技志愿服务专业性更强,对志愿者的专业技术要求更高,根据以上特点,结合天津科技志愿服务发展面临的挑战,提出如下建议。

(一)继续加强科技志愿服务队伍建设

继续扩大志愿服务队伍,充分发挥科协、科技部门的主体作用,加大对科技志愿服务的宣传力度,依托中国科协科技志愿服务平台,动员科技工作者,特别是农业、教育、医疗等群众高度关注领域内的专家,充分发挥基层“N 长”作用,组织更多的科技工作者、科技爱好者和热心科技传播人士注册成为科技志愿者。加强和农学会、高校、科研机构院所和技术推广机构的合作,指导推动各区镇(街)、企业、园区、机关等基层单位建立科技志愿服务队。基层单位负责组织和协调各服务团队的服务时间和服务内容,充分发挥科技志愿者的智力优势和专业优势,提高志愿者招募和管理效率,不断壮大科技志愿者队伍,增加志愿者的归属感。通过线上线下多重手段,用好现有科技志愿服务信息平台、科技志愿服务微信公众号,开展面向科技志愿者的专业培训,为广大科技志愿者、科技志愿服务组织和科技志愿服务工作者搭建提质增能的“加油站”。针对群众的科技需求和科普需求开展志愿服务,提升科普服务质量,推动科技志愿服务走向规范化和专业化,进一步让科技志愿服务融入经济社会发展各个方面,更好地服务广大人民群众。

(二)稳步提升科技志愿服务资源统筹能力

进一步加强科普资源的开发和配置,做好文化、教育、科技、宣传等各方面的资源整合和管理,搭建并维护好科技与科普服务线上平台。依托全国科普教育基地、天津市现代科技馆体系、新时代文明实践中心(所、站),与市教育委员会、团市委、市精神文明委员会办公室联合开展高校大学生科技志愿服务工作,充分发挥跨部门协作优势,搭建服务和育人平台,广泛动员高校大学生利用所学知识投身科技志愿服务行动,在推进全域科普向纵深发展、扎实推进“科创中国”试点城市等建设方面贡献智慧力量。依托天津市老科技工作者协会、女科技工作者协会等组织,针对老年科技志愿者和女性科技志愿者的特点和优长,引导他们组建服务队伍、筹办特色活动,围绕助力乡村振兴、企业创新、青少年教育、居民医疗健康、公民科学素质提升等开展各具特色的科技志愿服务活动。

(三)逐步完善科技志愿服务团队管理能力

针对志愿服务团队管理工作,努力解决好天津市志愿服务管理平台与全国科技志愿服务管理系统之间的数据衔接与共享,优化网络功能,保证招募、活动发布、活动签到、签退等一系列程序的顺畅和高效。完善志愿服务组织内部治理和活动组织机制。相关部门设计合理的科技志愿者管理标准,指导已登记的志愿服务组织依据章程建立健全独立自主、权责明确、运转协调的内部治理结构。除此之外,着力提升志愿服务规范性。科技志愿服务组织应规范组织活动,细化活动流程,及时公布科技志愿者的招募数量、服务内容、招募流程、选拔标准等信息。制定科技志愿服务管理办法实施细则以及科技志愿服务的激励机制、权益维护机制和退出机制,为优秀科技志愿者争取相应的优惠奖励政策，保障科技志愿者、服务对象的合法权益，对未遵守相关规定、不履行相关义务的科技志愿者建议退出，情节严重的予以清退，推动天津市科技志愿服务规范化、科学化运转。

（四）持续提高科技志愿服务质量效能

科技志愿服务应始终坚持科技为民、科技惠民的理念，处处落实以人民为中心的发展思想，创新运用多种方式，知民需、行民盼、帮民困，将科技志愿的服务成果切实转化为惠民实效，不断提高志愿服务精准度。增强宣传动员针对性，针对不同群体特点，开展多层次、全方位、有针对性的宣传动员，增强动员效果。坚持需求导向和问题导向，从解决基层最迫切的需求和最现实的问题入手，采取"互联网＋实地调研"等方式，逐步构建"基层出需求清单—志愿者按专业'接单'—市科技志愿服务总队综合统筹"的项目化供给需求服务体系，实现志愿服务动态管理、精准对接，不断增强服务活动的管理科学性和服务针对性，创新活动形式，用接地气的方式解决群众当下关心的热点和焦点问题。

参考文献：

[1]郑念、王丽慧主编：《科技志愿服务的理论与实践》，社会科学文献出版社，2021。

[2]苏超莉、许莲丽：《创新驱动发展战略下北京科技志愿服务模式研究》，《北京青年研究》2020 年第 4 期。

[3]陶春、严俊、吴素研：《发挥各级科协的组织引领作用　提升全国学会科技志愿服务效能》，《民主与科学》2022 年第 2 期。

[4]王钰迪：《浅谈深化科普志愿服务，助力公益科普事业发展》，《甘肃科技》2021 年第 8 期。

天津平安志愿服务发展报告①

杨　政　天津社会科学院社会学研究所助理研究员

摘　要： 天津平安志愿服务既体现了高尚的志愿精神，又彰显出鲜明的津门特色。天津平安志愿服务注重顶层设计，组织架构日趋完整，运行机制也愈加顺畅。全市各级党委政府发挥引领和促进职能，在平安志愿服务实践中不断进行内容、机制和路径探索，引导培育具有自身特色的平安志愿服务品牌。经过多年探索与积累，个别区的志愿服务品牌已经具有全市乃至全国性的影响力。近年来，天津平安志愿服务出现了精细化培育和差异化发展的趋势，平安志愿服务模式也因此呈现出从单一模式向多元化发展的态势。当前，全市平安志愿服务已经进入新的发展阶段，随着志愿文化在天津的日益普及，天津平安志愿服务事业必将迈上一个新的台阶。

关键词： 天津　平安志愿服务　区域实践　发展模式

志愿服务是社会文明进步的重要标志。发展志愿服务是促进社会良性运行与协调发展的机制和条件②。平安志愿服务是人民群众参与社会治安综合治理的重要途径。近年来，天津平安志愿服务事业蓬勃发展。广大平安志愿者走进社区、走进基层，为百姓保平安，给社会添安定。天津各级党委和政府充分发挥引领、服务和促进职能，积极推动平安志愿服务健康发展。天津平安志愿服务为天津经济社会发展注入了新的活力。高质量的经济发展需要高水

① 本文部分资料得到天津市委政法委的支持，特此感谢！

② 郑杭生：《减缩代价与增促进步：社会学及其深层理念》，北京师范大学出版社，2007，第263页。

平的社会平安，高水平的社会平安促进高质量的经济发展。天津平安志愿服务立足高水平平安和高质量发展的良性互动，为开创全面建设社会主义现代化大都市新局面贡献积极力量。

一　天津平安志愿服务发展的顶层设计

天津市在发展志愿服务方面十分注重顶层设计。在市委市政府的直接领导下，相关职能部门统观全局，确立了天津平安志愿服务发展的基本架构和运行机制，以确保天津市平安志愿服务事业持续健康发展。

（一）天津平安志愿服务发展的基本架构

组织与动员。充分发挥各级党组织的领导和轴心作用，把党的群众工作优势转化为基层治理优势，为志愿服务搭建更多平台，发挥志愿服务在社会治理中的积极作用，创建新时期平安志愿服务新模式。建立区、街乡镇、社区村和网格四级平安志愿服务组织体系。各区、各单位分管平安建设的部门具体负责平安志愿服务的统筹协调、组织指导、服务保障和监督考核，结合实际，迅速行动，制定行动方案，明确时间节点，抓紧推进实施，确保取得实效。推行建制动员。在全市群防群治“四级体系”基础上，进一步调整优化，规范建立平安志愿者区级总队、街（乡镇）支队、社区（村）大队及网格先锋队，整合社会资源，实现群防群治组织和力量的建制管理。综合辖区实有人口及区域面积，按照不低于实有人口数量6%的比例拓展队伍，如各区实有人口发生变化，按年度调整补充。

服务与管理。拓展服务领域，优化队伍结构。改变传统平安志愿者“以离退休人员为主”的现状，逐步向“各年龄段广泛参与”转化。“街片长”组织片区开展平安志愿服务，“小巷管家”作为平安志愿者骨干力量，履行“每日巡、经常访、及时记、随手做、实时报”等职责，开展常态化志愿服务。拓展行业型、专业型、知识型人才参与平安建设，特别是社区民警、基层法官、检察官、律师、心理咨询师、精防医生等专业力量，为平安志愿服务提供业务培训和咨询指导。强化区域共同体意识,鼓励党员、公务员、企事业干部职工积极参与活动,带头服务群众。拓展系统行业,特别是在交通、商业、宣传、建设、旅游等系统行业建立平安志愿服务机制。推动快递小哥、出租司机、房屋中介、物业保安、停车管理员、环卫工人、餐饮服务员、加油站工作人员、煤水电收费员等人员加入平安志愿者队伍,同时在新兴行业和特殊群体中发展平安志愿者队伍。

引导与培育。各区因地制宜,加强业务指导,培育特色志愿服务品牌。各系统和部门加强培训,指导平安志愿者做到"四熟悉""八报告"。"四熟悉"即职责任务要熟悉、区域时段要熟悉、风险隐患要熟悉、上报方式要熟悉。"八报告"即紧急情况要报告、安全隐患要报告、反宣物品要报告、违法犯罪要报告、可疑人事要报告、危险物品要报告、非法聚集要报告、负面舆情要报告。平安志愿者在执行巡逻值守工作中配备统一标识和装备,遇特殊情况按要求执行。各区培育平安志愿服务的特色品牌。继续打造"和平朝阳里""河西大姐""南开红哨""北辰百姓""静海小高庄十户联防"等一批叫得响、立得住、作用强的平安志愿服务品牌。挖掘鲜活经验,弘扬志愿服务精神,传播志愿服务文化,营造人民群众参与平安志愿服务的浓厚氛围。

支持与保障。各区依托社会治理信息化平台,建立平安志愿服务管理模块,实现人员数据实名管理,巡逻点位实时调度,指令任务及时下达,信息情况快速上报,考核评价客观科学。利用微信群、微信公众号拓宽群众参与社会治理渠道,为群众参与平安建设提供高效便捷服务,提高群众参与社会治理的积极性、主动性。完善奖励机制,采取政府搭台、市场运作、社会参与等方式,健全平安志愿者奖励常态化机制。建立平安志愿服务专项经费,简化奖励程序,提高奖励额度,扩大奖励范围。通过提供公益性岗位、人身保险、举报奖励等方式,鼓励群众参与平安志愿服务。支持有条件的平安志愿社会组织采取免费体检、发放慰问金等方式对优秀志愿者予以慰问奖励。创新保障机制,各区把平安志愿服务纳入平安建设整体规划,列入相应财政预算予以保障。同时,通过政府购买服务等方式,支持平安志愿服务运营管理,并依规向社会公开购买服务项目的目录、标准、预算等情况。充分运用基层公共服务资源,为平安志愿者提供"公益反哺"机制。

（二）天津平安志愿服务的运行机制

群防群治是天津平安志愿服务的基本原则。为进一步夯实基层治理基础，整合各种力量和资源，使网格化管理更具操作性，天津市党建引领基层治理体制机制创新工作领导小组于2020年提出构建社区警务和网格化服务管理"四合四联"机制。该机制是对群防群治原则的延伸和细化，它坚持推动社会资源向基层下沉，强化属地联治和责任捆绑，有利于形成联治、联动、联创的良好局面。

社区警务和网格化服务管理"四合四联"机制有利于平台整合和力量联结。社区（村）党群服务中心内设警务室或中心警务站，对外悬挂警务室标识。社区（村）警务室和中心警务站一般安排独立办公用房，中心警务站辐射的警务室可只安排独立工位；根据社区（驻村）民警责任区、全科网格划分标准，结合实际，将责任区与网格重合叠加，实现责任区与重叠的网格边界一致；按照不少于实有人口3%的比例，建设以社区（驻村）民警、网格员、专职辅警、在职党员、楼门院长、乡贤、治安积极分子等为骨干的群防群治力量。

社区警务和网格化服务管理"四合四联"机制有利于实现职能耦合和管理联动。党员社区民警担任社区党委兼职副书记或兼职委员、党外社区（驻村）民警担任居（村）委会主任助理，人员发生变动及时履行任免手续，确保工作无缝衔接。全面落实社区（驻村）民警兼任社区（村）副网格长。社区（驻村）民警要根据自身职责，积极参与社区（村）事务研究，主动建言献策，协助社区（村）主要负责人开展工作；社区（驻村）民警中的党员要积极参加社区（村）党员集体学习和主题实践活动，充分发挥党员先锋模范作用。

社区警务和网格化服务管理"四合四联"机制有利于系统聚合和信息联通。将公安部门相关业务数据归集落地到"津治通"全市一体化社会治理信息化平台，开通"智慧平安社区"社会化应用权限，社区（驻村）民警与网格员开展人、地、物、事、组织各类基础信息采集、上传信息平台；建立日沟通、周研判、月例会工作机制，社区（驻村）民警将公安信息系统推送及获悉的社会治理类工作信息和治安警情根据情况适时通报网格员，有针对性地服务社区（村）治理。

社区警务和网格化服务管理“四合四联”机制有利于服务融合和风险联控。社区(驻村)民警对网格员发现的治安问题、重点人员动态、安全隐患突出问题、易引发极端案事件的矛盾纠纷等问题进行走访查核;社区(驻村)民警依托社区(村)党群服务中心“一站式”服务平台,积极开展解答群众咨询、办理户籍事项等民生服务类工作,并协助民政、卫生健康等部门落实社区办、马上办、一站办;社区(驻村)民警和网格员对于低收入家庭、重点青少年、留守儿童、鳏寡孤独等重点人群,按照“一人一册”“一人一方案”要求,逐人建立底册台账,通过电话、微信、入户等形式及时掌握现实情况,积极协调解决实际困难。

二　天津平安志愿服务发展的区域实践

天津各级党委政府在平安志愿服务实践中进行了一些有益的探索和创新。有的地方在工作内容方面进行了拓展,有的地方在体制机制方面进行了探索,有的地方则在发展路径方面进行了有益的尝试。相关探索和创新经验构成了天津平安志愿服务事业发展的宝贵财富。

(一)内容探索:静海区平安志愿者工作内容创新

平安志愿队伍的组织。“平安志愿者”分级建立志愿者队伍指挥体系,全区成立“平安志愿者”支队,街(乡镇)成立“平安志愿者”大队,根据各地实际村(居)委会、单位可成立“平安志愿者”中队,中队内每5至10人成立小组。各级组织设支队长、大队长、中队长、组长,均对上一级组织领导负责。“平安志愿者”以辅助政府部门加强社区、村、企事业单位和社会面治安防范为主要任务,在公安机关组织领导下,向群众广泛开展治安、安全防范宣传,落实治安巡逻控制措施,发现并报告各种不安全的隐患漏洞和违法犯罪线索,协助公安机关维护公共秩序,发现、制止违法犯罪行为,按照全区部署和分工开展静海安全保卫具体工作,推动平安静海建设措施在基层落实。

平安志愿服务的重点任务。治安巡逻方面,在基层综治组织和派出所民警的指导下,在村街(社区)区域内,以徒步和骑车为主要形式,佩戴专门标志,对村街(社区)内治安重点区域、重点部位开展点面结合的治安巡逻防控工作,预防和震慑违法犯罪,维护社会面治安秩序;治安守护方面,在基层综治组织和派出所社区民警的指导下,以党政机关、通信、金融、邮政、交通枢纽以及水、电、气等重要敏感部位周边为重点,开展看护守望工作,做好外部定点监控工作,严防捣乱、破坏的发生;重点人员方面,在基层综治组织和派出所社区民警的指导下,对刑释解教和社区矫正人员以及对社会严重不满人员、信访重点人员、吸毒人员、不良行为青少年及其他重点人员等予以重点关注。

平安志愿服务的基本内容。防控工作:协助民警维护治安秩序,执行警戒任务,保护重点目标的安全;协助民警检查、发现和堵塞安全防范方面漏洞,防止发生各种治安灾害事故;及时发现各种可疑情况,防止刑事案件、治安案件的发生;发现和制止各类违法犯罪活动,协助抓获现行犯罪分子;协助民警对刑事案件、治安案件、治安灾害事故现场进行保护;协助公安机关处置各种突发事件。警戒与发现:在协助民警执行警戒任务时,要服从民警指挥,做到快速到达、工作到位、认真负责;发现可疑人员时要注意仔细观察并尽量掌握其特征,对重大可疑人员进行滞留并及时报警。应急处置:发现不明烟火时,迅速报警,遇有不明物品时,不盲目接触,立即报告带队民警;发生灾害事故时,要协助民警现场维护秩序,防止出现拥堵、踩踏和趁火打劫情况。

志愿服务的行动规范。在组织社区巡控工作中,各级公安机关要结合本地区治安特点和志愿者队伍状况,精心组织,科学安排,做到“三到位”,即人员到位、时间到位、工作到位,切实消除社区内和社会面的治安盲区、盲点;在组织重点地域守卫工作中,各级公安机关要做到合理安排,针对容易出现问题的部位,如金融、交通、公用电话亭、赛场和训练场周边等,安排志愿者采取蹲点、守望等方式,交任务、教方法,真正做到切实有效;在组织志愿者开展情况信息收集上报的工作中,派出所社区民警要加强与志愿者的联系与沟通,有针对性地布置情况信息收集任务;各级“平安志愿者”队伍负责人要加强上下级组织之间的联系,定人定则,做到人员有人管、工作有人抓、问题有人查,并提前制定各种任务的行动预案,确保志愿者队伍“拉得出、用得上”。

(二)机制探索:津南区深化平安志愿服务工作机制

队伍发展机制。广大平安志愿者以自己的时间、知识、技能、体力等从事平安志愿服务。平安志愿者队伍是广大人民群众参与社会治安综合治理的重要基础力量。坚持人民主体地位,广泛发动广大人民群众和社会各界参与平安志愿服务工作。凡年满18周岁、身体健康、遵纪守法、热心公益事业、自愿从事平安志愿服务、具有相应的民事行为能力的在津南区各行各业人员均可吸收注册为平安志愿者。鼓励全区各机关、团体、企事业单位、社会组织,采取整建制加入的方式,组织本单位(社会组织)的干部职工(组织成员)加入平安志愿者队伍。每年各镇街要按不低于10%、各系统不低于5%的比例递增平安志愿者人数,争取全区平安志愿者队伍实现大幅度增长。

任务清单机制。平安志愿者队伍的主要职责是配合公安机关加强社会治安防范工作。主要任务是:参加治安巡逻、隐患排查、矛盾化解、帮扶救助、平安宣传、邻里守望等活动;及时向公安机关或居(村)委会、单位反映各类违法犯罪行为和影响社会安全稳定的线索、情报、信息,以及社情民意和对社区(村)、单位治安防范工作的意见建议;按照全区统一部署,完成综治部门和公安机关赋予的重大节日、重大活动期间重点路段、重点目标、重点场所、重点部位守护等任务。

服务管理机制。探索建立全面覆盖、功能齐全、方便使用、便于管理的平安志愿者指挥服务信息平台,努力实现互联网条件下注册网上申请、活动网上发布、服务网上记录、情况网上报告、信息网上流转、业绩网上评定、监督网上进行的工作格局,着力提升平安志愿服务智能化水平。对不适宜继续参加平安志愿服务的平安志愿者予以注销。对迁出本辖区的平安志愿者应转至迁入地。探索推行平安志愿者网格化服务管理模式,将志愿服务工作与基层网格化建设有机结合,把广大平安志愿者充实到社区(村)网格中,实现志愿服务供给与需求的有效对接。

等级防控机制。建立平安志愿者参与维护社会安全稳定和重大活动安保工作等级防控机制,全区社会面防控由低到高分为三级、二级、一级三个等级。三级为常规防控,是社会面防控工作的常态,无需发布启动命令,执勤力量不低于辖区平安志愿者总数的30%,主要在社区(村)开展治安巡逻等工作;二级为加强防控,在重要敏感时期、大型活动安保任务需要时启用,执勤力量不低于辖区平安志愿者总数的50%;一级为超常防控,在特殊时期有安保任务需要或遇有严重治安、灾害等事件时启用,执勤力量不低于辖区平安志愿者总数的80%。

表彰奖励机制。认真贯彻《志愿服务条例》,积极推动落实为有良好平安志愿服务记录的平安志愿者提供相关优待。各镇街每年开展一次优秀平安志愿者评选,给予表彰奖励。对举报违法犯罪线索和影响社会安全稳定隐患信息的群众,依据有关规定,及时兑现奖励。各镇街结合实际,进一步细化奖励办法,制定奖励细则。构成见义勇为行为的由见义勇为机构依法予以确认。加大对平安志愿者的关心爱护,重大活动、重大安保任务期间,对做出突出贡献的平安志愿者应当给予表彰和嘉奖。

经费保障机制。各级综治部门每年用于平安志愿服务发展经费不低于综治工作经费的20%,并随着经济发展逐年增加。对全区统一组织的平安志愿服务活动,财政部门给予专项资金支持,为参加活动的平安志愿者配备具有全区统一标识的服装、遮阳伞、桌椅,提供饮用水、用餐等基本保障。各镇街为重大活动中担负重点安保任务、长年组织并参与平安志愿服务的平安志愿者,购买相应的人身意外伤害保险,为平安志愿者提供保障。

(三)路径探索:北辰区积极探索新时代平安志愿服务新路径

北辰区发挥平安志愿者特色优势,以大型活动安保工作为契机,加强对平安志愿者工作的组织领导,不断提高平安建设的社会参与度,形成"平安建设人人参与,平安成果人人共享"的社会风尚。区委、区政府高度重视安全保卫工作,要求各单位要以社会安全稳定为工作中心,以严密社会治安防控为工作重点,全力以赴抓好各项工作的落实。区综治办、公安分局确定了全警动员、全民动员、专群结合的工作思路。区综治办针对一些大型活动制定下发了一系列安全保卫工作方案,明确了平安志愿者参与安保工作的具体任务、实施阶段,结合巡控网格建设情况确定重点防控区域。各街镇结合工作实际,分别制定行动方案,积极做好人员招募、培训和志愿服务活动的组织工作。

全区各单位结合平安北辰建设实际,对平安志愿者队伍进行调整,将长期坚持志愿活动的志愿者和热心公益的治安积极分子重新进行整合,建立了万余人的平安志愿者队伍。同时,进一步规范志愿者工作制度,对志愿服务进行量化管理,使平安志愿者活动有章可循,充分调动和保护了平安志愿者的积极性。瑞景街确立了平安志愿者工作创新项目,努力打造瑞景街平安志愿服务品牌。集贤里街举办了平安志愿者大队启动仪式,将平安志愿者活动纳入规范化管理。各镇街围绕安保工作需要,定期就工作重点、任务要求、巡逻防范技能、突发事件应对方法、自身安全保障等组织平安志愿者进行培训,提高了平安志愿者处置各种问题的能力。

借助平安志愿者熟悉基层、联系实际的优势,北辰区组织各镇街、各单位平安志愿者在各级网格员的引导下对各类不稳定因素进行"拉网式、全覆盖、不间断"的滚动排查,对辖区内的重大安全隐患第一时间上报并协助处置,力争将各类矛盾问题在基层予以化解。全面掌握刑释解教人员、社区矫正人员、精神病患者、上访重点人等各方面重点人员的情况,做到底数清、情况明,及时掌握他们的现实活动情况,认真落实帮、教、管措施,超前做好防控工作。整合基层平安志愿者和公安、信访、维稳等资源,强化区、镇(街)、村(居)三级稳控合力,构筑牢固防线。

以地铁站、公交车站、大型超市、集贸市场、金融网点、繁华场所、国计民生重点单位和各村、社区易发案部位等为重点,布置各方面防控力量开展联防联控,根据治安和人员流动特点,从"见警率"和"管事率"两方面入手,科学安排执勤力量和执勤时段,确定平安志愿者统一执勤点位,平安志愿者巡控活动覆盖全区各村、社区和街道里巷,形成了对违法犯罪的强大震慑,取得了明显的成效。北辰区各镇街成立工作组对平安志愿者巡控值勤活动进行督查指导,确保人员到位并发挥实效。镇街领导经常深入一线鼓舞士气,进行慰问,解决基层平安志愿者工作中遇到的实际问题。区综治办对各镇街平安志愿者点位执勤情况进行了抽查,对检查中发现的问题当场通报并提出改进意见。广大平安志愿者从清晨到深夜,从酷暑到秋凉,坚守岗位,无私奉献,以饱满的热情投身全区安保工作，在维护全区社会稳定中发挥了重要作用。

三 天津平安志愿服务发展的多元模式

天津市鼓励地方政府结合本地实际发展特色平安志愿服务项目。经过多年的实践，有几个区成功培育出特色鲜明的平安志愿服务品牌，这些特色品牌在全市乃至全国都具有广泛的影响力。

（一）“北辰百姓”模式

“北辰百姓”是北辰区的平安志愿服务品牌。为深化平安志愿者服务管理工作，北辰区成立了区平安志愿者协会和平安志愿者工作领导小组。各镇街、各单位积极完善平安志愿者队伍基础档案，做到成建制、成序列、成规模，并以分会形式加入区平安志愿者协会。“北辰百姓”的主要职责是配合公安机关加强社会治安防范工作；参加治安巡逻、隐患排查、矛盾化解、帮扶救助、平安宣传、法律服务、交通劝导、邻里守望等活动；及时向公安机关或居（村）委会、单位反映各类违法犯罪行为和影响社会安全稳定的线索、情报、信息，以及社情民意和对社区（村）、单位治安防范工作的意见建议；按照全区统一部署，完成重大节日、重大活动期间重点路段、重点目标、重点场所、重点部位守护等任务。

“北辰百姓”以国家志愿服务信息系统为依托，在镇街、社区（村）综治中心、社区警务室建立全面覆盖、功能齐全、方便使用、便于管理的平安志愿者指挥服务信息平台，实现互联网条件下注册网上申请、活动网上发布、服务网上记录、情况网上报告、信息网上流转、业绩网上评定、监督网上进行的工作格局，着力提升平安志愿服务智能化水平。将志愿服务工作与“1＋3＋N”综治警务网格建设深度结合。各镇街、各单位每年通过集中培训、教材培训、网络培训、实战培训等方式，对平安志愿者进行相关知识和技能培训，提升平安志愿者服务能力和水平。在组织参与全市平安志愿服务行动前，结合服务内容对平安志愿者进行针对性教育培训。

各镇街每年开展一次平安志愿者星级评定，给予表彰奖励。对举报违法犯罪线索和提供影响社会安全稳定隐患信息的群众,依据相关政策及时兑现奖励。对做出突出贡献的平安志愿者给予表彰和嘉奖。对全区统一组织参加的平安志愿服务活动,各镇街给予专项资金支持。平安志愿者服装、用品主基调要为红色,并佩戴全区统一的“北辰百姓”臂章、胸章。

在运用传统媒体开展宣传的基础上,通过微信、微博等新媒体,大力宣传平安志愿者先进事迹和先进典型,不断刷新“北辰百姓”品牌,发挥典型示范引领作用,提高平安志愿服务工作的影响力和感召力,提高广大群众对平安志愿工作的知晓率、支持率、参与率。在全社会营造奉献、友爱、互助、进步的强大气场,逐步形成“平安建设人人参与、平安成果人人共享”的社会氛围。各镇街、各单位要把推动平安志愿服务发展作为加强和创新社会治安综合治理的重要内容,投入更多精力推动落实平安志愿者各项工作,确保抓出成效。努力打造以“北辰百姓”为依托,一镇街一单位一特色的平安志愿服务品牌。共同促进平安志愿服务事业健康有序发展,谱写“北辰百姓”守护平安的崭新篇章。

(二)“河西大姐”模式

“河西大姐”是河西区的平安志愿服务品牌。它诠释了平安志愿者的新理念,开创了河西区群防群治工作的新局面。“河西大姐”源于河西区平安志愿者组成的群防群治队伍。队伍成立之初,由于成员年龄大多在五十岁以上,其中女性占到了60%,所以人称“河西大姐”。多年来,“河西大姐”一直积极活跃在应急处突、邻里守望、民意收集、隐患排查、秩序劝导、特殊人群帮扶和环境服务等志愿岗位。近年来,河西区着力打造“河西大姐”平安志愿服务品牌,坚持吸纳各行各业人员加入平安志愿者队伍。“河西大姐”的队伍不断壮大,服务领域不断拓展,内涵也更为丰富而充实。

“河西大姐”立足平安志愿服务,以主人翁姿态,打出旗帜,亮出标志,干出成绩,展现风采。“河西大姐”在平安志愿服务中承担了多种角色,发挥了重要作用。“河西大姐”积极履行职责,当好安全秩序的守望者,维护社会稳定的信息员,化解纠纷的调解员,维护社会治安的巡逻员,安全防范的示范员,政策法规的宣传员,文明生活的引领员,基层党建的拓展员;“河西大姐”发扬吃苦耐劳、不怕牺牲的精神，勇于担当，为河西区的和谐与稳定贡献出自己的力量。河西区积极宣传“河西大姐”志愿服务品牌，充分发挥“河西大姐”的感召引领作用。通过宣传、招募、培训、服务等多种形式，最大限度地凝聚人人参与平安建设的社会共识，汇聚人人都做平安志愿者的社会力量，提升社会影响力和群众参与度，为河西首善之区建设创造出良好的社会氛围。

（三）“南开红哨”模式

“南开红哨”是南开区平安志愿服务的特色品牌。为贯彻落实习近平总书记视察和平区新兴街朝阳里社区重要指示，南开区万兴街与派出所共同成立“红哨”志愿巡逻队，充分发挥志愿服务在平安南开建设中的作用，打造“南开红哨”平安志愿服务特色品牌。“红哨”志愿巡逻队由万兴街党工委领导，万兴派出所提供业务培训及技术支持，各社区“红哨”志愿巡逻分队在社区民警的带领下，认真做好社区巡逻防范、协助维护治安秩序、参与社区共建、见义勇为、助人为乐、宣传法律知识等日常工作，通过“每日巡、经常访、及时记、随手做、实时报”，开展常态化志愿服务。街所联动，指导“红哨”志愿巡逻队做到“四熟悉”“八报告”，做实做强志愿服务。

“南开红哨”起源于万兴街社会治理创新试点工作实践。发动群众参与社区治理正是深入贯彻党的群众路线的体现。“南开红哨”志愿巡逻队全部由热心公益、乐于奉献的社区居民组成，他们中既有老教授，也有“90后”，具有各年龄段广泛参与和行业型、专业型人才多样性的新特点。在万兴街党工委的领导下，“红哨”志愿巡逻队在参与基层社会治理和平安社区建设中发挥了积极作用。“南开红哨”维护党的权威，宣传党的政策，教育引导群众听党话、跟党走；配合公安机关强化商超市场、校园周边、背街里巷常态化巡逻，做好关键点位治安协防和秩序疏导；及时向公安机关反映各类影响社会稳定和治安安全隐患线索，收集反馈社情民意和有关单位治安安全防范的意见建议；参与社会矛盾纠纷排查化解机制，排查化解家庭、邻里等各类矛盾纠纷。“南开红哨”的队员就像“种子”一样，通过自己的一言一行，带动身边更多的社区群众参与到志愿服务中来，营造出群防群治、共创平安的社区治理格局。

“南开红哨”在新冠肺炎疫情防控中也发挥了重要作用。在2022年的全市全员核酸筛查工作中,广大“南开红哨”志愿者积极投身志愿服务,充分发挥基层排头兵的作用,助力全区大筛工作,保障人民健康安全。“南开红哨”1500余名平安志愿者深入各个社区,在登记、采样、秩序维护、样本转运等环节提供志愿服务。“南开红哨”鲜艳的“志愿红”成为南开区疫情防控中最美的颜色。

总之,“志愿者精神、志愿服务以及由此派生的志愿者组织体系和志愿服务网络已经成为促进社会全面健康发展的结构性因素”[①]。经过多年的探索与积累,天津市的平安志愿服务事业已经迈入新的发展阶段。天津平安志愿服务的顶层设计更为成熟,运行机制也更为顺畅。各区在平安志愿实践领域因地制宜,大力发展特色鲜明的项目和品牌,培育方式愈加精细和精准,全市平安志愿服务因此呈现出差异化发展趋势,平安志愿服务模式也从单一模式向多元化发展。当前,平安志愿文化日益深入人心,人民群众不断加入平安志愿者队伍,天津平安志愿服务的主体基础愈加牢固。展望未来,今后的平安志愿服务发展要扎根基层,立足社区,创新理念,创新思路,创新手段,处理好服务与治理、传统与现代、专业化与社会化的关系[②]。相信在新时代,天津平安志愿服务事业必将立足高水平社会平安,为天津经济社会的高质量发展贡献力量。

① 郑杭生:《减缩代价与增促进步:社会学及其深层理念》,北京师范大学出版社,2007,第266页。

② 郑杭生、杨敏主编:《和谐社区建设的理论与实践——以郑州市实地调查为例的河南特色分析》,党建读物出版社,2008,第368—370页。

专　题　篇

天津新时代文明实践志愿服务专题报告①

桂慕梅　天津社会科学院社会学研究所副研究员

摘　要： 天津自开始全国新时代文明实践中心的试点建设工作以来，经过了从全国试点到全市覆盖，从乡村到城区的建设历程。广大志愿者、志愿服务组织和其他组织以新时代文明实践中心（所、站）为阵地，面向城乡基层积极开展志愿服务，取得了阶段性成效。天津从高位谋划，不断加强阵地建设，促进平台搭建，优化志愿服务队伍，使新时代文明实践志愿服务充满活力。新时期面对人民群众对文明实践志愿服务的多样化需求，天津市加强新时代文明实践志愿服务要在制度化、智慧化、社会化和特色化建设方面持续发力，促使天津新时代文明实践志愿服务在高质量发展上不断取得新突破。

关键词： 天津　文明实践志愿服务　新时代文明实践中心（所、站）

① 本文部分资料得到天津市精神文明建设委员会办公室的支持，特此感谢！

2018 年 7 月 6 日,中央全面深化改革委员会第三次会议审议通过了《关于建设新时代文明实践中心试点工作的指导意见》。同年 8 月 21 日召开的全国宣传思想工作会议上,习近平总书记指出,“要大力弘扬时代新风,加强思想道德建设,深入实施公民道德建设工程,加强和改进思想政治工作,推进新时代文明实践中心建设,不断提升人民思想觉悟、道德水准、文明素养和全社会文明程度”。新时代文明实践要求以志愿服务为主要活动形式,以志愿者为主体力量。开展新时代文明实践志愿服务是推动习近平新时代中国特色社会主义思想深入人心的重要举措,是打通“最后一公里”,联系服务引导群众的重要方式。天津市以习近平新时代中国特色社会主义思想为指导,贯彻习近平总书记视察天津关于志愿服务作出的重要指示,将新时代文明实践中心建设作为一项重大的政治任务,高位谋划、周密部署,先行先试、强化举措,稳步推进新时代文明实践中心(所、站)建设,积极开展志愿服务工作。

一　天津新时代文明实践志愿服务的主要做法与成效

2019 年以来,天津稳步推进新时代文明实践中心(所、站)建设工作,2022 年初,全市已实现新时代文明实践中心(所、站)三级全覆盖。天津新时代文明实践中心(所、站)以志愿服务为重要形式推进工作。按照党建引领、试点先行、示范带动、多点突破、纵深发展的工作思路,从阵地建设、平台搭建、队伍优化、服务活力等方面推动新时代文明实践志愿服务不断深入。

(一)高位谋划,推进新时代文明实践志愿服务阵地建设

新时代文明实践中心(所、站)是组织并开展新时代文明实践志愿服务的主要阵地。阵地建设是有效进行新时代文明实践志愿服务的重要前提。经过从全国试点到全市覆盖,从乡村到城区的建设进程,天津逐步健全新时代文明实践中心(所、站),为新时代文明实践志愿服务的开展奠定了坚实的阵地基础。

自开展新时代文明实践中心试点工作以来,天津市委明确要求把试点建

设作为重要政治任务,纳入天津市新时代公民道德建设实施方案和乡村文化振兴三年规划,融入天津市经济社会发展大局。天津市委宣传部、市文明办压实工作责任,完善制度设计,先后印发了《天津市新时代文明实践中心试点建设工作方案》《天津市新时代文明实践站试点建设指导意见》《天津市关于深化拓展新时代文明实践中心建设试点工作方案》等文件。在相关政策指导下,5 个区根据各自资源特色,着力推动新时代文明实践中心试点建设,积极开展志愿服务。随后,在全国试点区示范带动作用下,其余 11 个区整合已有公共文化服务资源,以党群服务中心为基本阵地,统筹文博场馆、农家书屋、农村文化活动广场、科普基地等设施,形成了新时代文明实践中心、所、站三级阵地的布局。中心、所、站分别依托一个主阵地挂牌运行,提升阵地建设规范化水平。市文明办聚合条块服务职能,推动市、区两级行政和社会资源向文明实践中心、所、站流动,促进团队共育、行业联动、部门贯通、社会共建,汇聚社会合力建设新时代文明实践中心(所、站)。2021 年,市文明办印发《关于面向城乡基层推进新时代文明实践中心建设工作的通知》,推动文明实践中心建设由乡村向城区延伸。2021 年 11 月,全市共建成区新时代文明实践中心 13 个、文明实践所 228 个、文明实践站 5121 个。根据《2022 年新时代文明实践中心建设重点工作安排》,天津继续加强新时代文明实践中心(所、站)建设。截至 2022 年初,全市建成区级实践中心 16 个、镇街级实践所 254 个、村居级实践站 5180 个,已实现全市新时代文明实践“中心—所—站”建设全覆盖。为推动文明实践阵地更好发展,全市共建有文明实践示范所 78 个,文明实践示范站 590 个。另外在三级组织架构基础上,实施文明实践拓展工程,制定《天津市新时代文明实践基地管理办法(试行)》,在全市建成首批市级新时代文明实践基地 50 个,涵盖人工智能、文化文艺、体育健身、文明创建等多个领域。在全市重点领域建立新时代文明实践所(站)207 个,推动经济薄弱村提升文明实践站 800 个,打造 66 所文明实践志愿服务示范校。各区推进文博场馆、院校、企事业单位、“两新”组织等建立文明实践基地、站点等 6473 个,构建文明实践网格、综合体、服务圈,形成三级贯通新格局。目前,已有 14 个区将文明实践中心建设基本经费纳入区级财政预算。

(二)强化组织,促进新时代文明实践志愿服务平台搭建

天津在建设新时代文明实践中心(所、站)的过程中,逐步形成了"一一三五"组织架构与工作体系,促使新时代文明实践志愿服务顺利开展。第一个"一"是实施"一把手"工程。各区、街(镇)、社区(村)三级党组织一把手靠前指挥、率先垂范,分别担任文明实践中心主任和新时代文明实践志愿服务总队长、文明实践所长、文明实践站长。16 个区均以区委常委会形式开展专题研究、制定实施方案、组建工作专班、召开部署推动会。各区全部建立中心主任办公会议制度或联席会议机制,统筹协调各方资源,形成协同联动工作格局。各区积极成立新时代文明实践中心领导小组、建立完善区级领导挂点联系制度。第二个"一"是坚持"一盘棋"思想。天津坚持党建引领、试点先行、示范带动、多点突破、纵深发展的工作思路,推动新时代文明实践志愿服务工作提档升级、提质增效。成立天津市志愿服务工作协调小组,负责全市志愿服务工作的总体规划、协调指导、督促检查、经验推广,办公室设在天津市精神文明建设委员会办公室。完成天津市志愿服务联合会转隶换届工作,业务主管部门变更为市委宣传部。发挥 5 个全国试点区示范带动作用,结合全国文明城区创建"文明带提名"结对共建行动,制定帮包联系制度,通过帮包工作方式在比学赶帮超中提升文明实践工作水平。建立新时代文明实践中心建设挂点联系制度,市委宣传部部务会成员和市文明办负责同志挂点联系全市 16 个区,开展实地调研,加强工作督导。市编办重新调整市文明办"三定方案",由市文明办联系指导市志愿服务联合会,设立志愿服务处,统筹推进新时代文明实践中心建设和志愿服务工作。"三"是区级新时代文明实践中心、街镇级新时代文明实践所、社区(村)级新时代文明实践站三级组织架构。天津在三级体系建设基础上,全面推进新时代文明实践志愿服务拓展工作,指导打造文明实践站点、基地、网格、综合体、服务圈,形成三级贯通、多级完善的新时代文明实践志愿服务新格局。"五"则是突出"五方面工作内容",即学习实践科学理论、宣传宣讲党的政策、培育践行主流价值、丰富活跃文化生活、持续深入移风易俗。

天津注重新时代文明实践信息服务平台搭建工作,利用平台及时发布新

时代文明实践志愿服务相关信息。新华社客户端天津频道开设“文明实践看天津”专栏,加大探索试点经验和媒体宣传。在天津文明网设立“新时代文明实践”专栏,统筹 173 家市级单位资源,建立了宣讲、教育、文艺、科技、民政、农科、法律、卫生、体育 9 大资源服务中心,设置“政策理论”“实践前沿”“他山之石”“实践基地”“点单说明”专栏,加大信息发布及宣传力度。通过了文明实践志愿服务供需信息平台,运用“基层点单、中心派单、志愿服务组织接单、群众评单”的供需服务链,形成“一条心”模式。11 个区建立了区一级文明实践志愿服务供需信息平台,其他区通过征集心愿单等方式发布志愿服务项目。各区积极整合线上线下资源,探索将文明实践中心同区融媒体中心、“学习强国”平台等联通融通的有效机制。作为全国新时代文明实践中心建设第二批试点,滨海新区新时代文明实践中心与区融媒体中心资源联通共享,“滨海新区新时代文明实践点单派单”平台与“津滨海”APP(应用程序)专设频道融合发展,全时互动、矩阵化传播。北辰区建立“新时代文明实践中心数字化管理服务平台”,通过整合理论宣讲、教育服务、文化服务、科技与科普服务、健身与体育服务等平台内容资源,建设完成“一库、一门户、一屏”的“三个一”工程。北辰区融媒中心官方微信公众号上设立了“微北辰”专栏,居民在此可直接进行志愿服务点单。

(三)广泛动员,优化新时代文明实践志愿服务队伍

天津以新时代文明实践中心(所、站)为依托,协同各部门、各单位,积极推动新时代文明实践志愿服务队伍建设。区级文明实践中心广泛动员党员、机关干部、模范人物、退役军人等,建立“8 + N”志愿服务队,“8”是按照理论宣讲、文化文艺服务、助学支教、医疗保健、科学科普、法律服务、卫生环境和扶贫帮困八类服务内容组建队伍,“N”是各区根据实际情况和各自特点设立服务项目、挖掘服务力量。截至 2022 年 3 月,已建立区级志愿服务队四千余支,其中应急志愿服务队伍 1581 支。街道(乡镇)所、社区(村)站积极引导广大居民、驻区企事业单位工作人员参与志愿服务,建立“5 + N”志愿服务队,这里“5”即是按照学习宣传、文化健身、互帮互助、文明风尚、应急响应五类服务内

容组建队伍,“N”即各地根据实际情况和各自特点设立服务项目并集中服务力量。目前具有鲜明特色的志愿服务队不断组建,如,“枫叶正红老年志愿服务队”“木兰巾帼志愿服务队”“天津医大青年志愿者服务队”等。截至2022年3月,所、站两级建立志愿服务队两万余支。

《天津市志愿服务条例》规定,相关各部门进行志愿者和志愿组织的管理工作,推动新时代文明实践志愿服务招募、培训、激励等工作向规范化发展。天津实行志愿者登记注册制度,组织开展知识讲解、技能传授、防护保障等各类学习培训,到2022年7月,开展文明实践志愿者骨干培训866场次。自2019年开展新时代文明实践志愿服务以来,累计召开新时代文明实践工作和志愿服务专题会议13场,举办5期新时代文明实践志愿服务培训班。推进志愿服务纳入天津市自然人公共信用评价指标体系,推出集保险、金融功能于一体的天津志愿者证。天津还实施多项褒奖激励措施。开展新时代文明实践志愿服务以来,评选出天津市志愿服务先进典型597个,荣获全国“四个100”先进典型37个。

(四)常态推进,增强新时代文明实践志愿服务活力

天津新时代文明实践志愿服务注重发挥新时代文明实践中心意识形态宣传阵地作用,注重为群众办实事、解难事。经过三年多建设,天津新时代文明实践志愿服务已进入常态化极端。

天津统筹整合理论宣讲团、基层宣讲队、红色文艺轻骑兵等资源,进行思想理论宣讲,将党和国家政策理论送到基层,送到百姓身边。创造出“田间课堂”“线上课堂”“儿童课堂”“银发课堂”“墙根课堂”等志愿宣讲模式,形成理论主课堂、宣讲分课堂、网络微课堂、文艺红课堂、一线活课堂的志愿宣讲格局。2021年、2022年,围绕宣传、宣讲党的十九届六中全会精神、天津市第十二次党代会精神,开展“永远跟党走”志愿宣讲活动,组建宣讲队伍三千余支,以政策理论解读、红色展览、电影播客、优秀剧目展演等形成“行走的红色课堂”和“流动的文明舞台”。与此同时,注意把群众身边人、身边事、身边变化融入宣讲内容中,形成群众感觉亲切、易于接受的内容,达到传播新思想、引领

新风尚的宣讲成效。宣讲队伍走进社区、农村、校园和企业进行宣讲,促使更多人知晓党和国家的政策理论。各区创建了一批富有特色的新时代文明实践志愿服务宣讲品牌,以品牌扩大宣讲影响力。如宝坻区推出“理响宝地”、津南区推出“金牌宣讲团”、武清区推出“百村百站宣讲接力”等品牌。这些宣讲项目和品牌主要有五个特点:一是紧紧围绕党的理论政策进行宣讲;二是宣讲人员职业背景多种多样,既有领导干部、专家学者、最美奋斗者,又有道德模范、基层党员;三是利用群众喜闻乐见的形式进行宣讲,如通过歌曲、相声、京东大鼓、小品等表演形式,以及绘画、书法等展示形式等;四是对志愿者和志愿团队进行培训,通过专题辅导、培训班、交流研讨等形式,邀请专家学者对基层宣讲骨干进行培训,提高宣讲骨干的理论和知识水平,使宣讲更有吸引力;五是及时总结宣讲活动情况,利用网络信息服务平台及时发布。目前,全市累计开展宣讲1.8万场次。

天津市各区充分发挥自身优势,开展丰富多样的新时代文明实践志愿服务活动,促使新时代文明实践志愿服务处于活跃状态。目前,14个区设立了新时代文明实践日,三年来开展的新时代文明实践志愿服务主要有以下六个方面:其一,注重民生问题,开展志愿服务活动为群众排忧解难。将“我为群众办实事”纳入新时代文明实践中心(所、站)建设中,累计解决群众急难愁盼问题约23万件。2022年开展“迎朝阳 再出发”志愿服务大行动,组建581支市级志愿服务队伍,紧贴群众需求发布805个服务项目,送服务到群众身边。武清区白古屯镇韩村新时代文明实践站充分发挥村庄与评剧文化结缘百余年的传统,与天津评剧团结对共建,打造了一支由村民组成的专业性农村剧团,设计了“一个人的剧场”志愿服务项目,利用评剧演出将慰问关怀送到病弱在家的老人身边。其二,发挥新时代文明实践中心(所、站)阵地作用,开展“微心愿”活动。组织志愿者认领群众发出的“微心愿”,提供关心关爱、邻里互助等志愿服务,累计满足群众“微心愿”1.73万个。其三,主办和承办不同级别志愿服务活动。和平区被民政部确立为“贯彻落实习近平总书记关于志愿服务重要指示工作联系点”,承办了中央文明办全国志愿服务现场交流活动,26个省市自治区1.4万余人到和平区新兴街朝阳里社区,进行志愿服务学访交流。和平区开展“志愿服务新春关爱大行动”活动17,982场,参与志愿者11万余人次。其四,利用多媒体组织开展集体学习活动。滨海新区、津南区、北辰区、武清区、宝坻区五个新时代文明实践中心开展“文明实践看天津”直播活动,总浏览量达到1200万人次。开展“12·5”国际志愿者日主题活动暨走进网络直播间——“‘文明实践我来啦’故事汇”,吸引240万名网民在线观看。宝坻区、西青区新时代文明实践中心利用VR(虚拟现实)技术体验“志愿之旅”,不断增强志愿服务的吸引力、感染力。其五,科学助力疫情防控。新时代文明实践中心(所、站)发挥组织动员作用,有序做好志愿者招募、管理、防护工作,先后约150万人次参与防疫宣传、接种疫苗、核酸筛查、环境消杀等志愿服务活动。其六,创建积分制项目活动。在142个村推广运用积分制管理办法,设立爱党爱国、人居环境、家庭美德、公益美德、移风易俗等8个积分制项目,积分奖励与评优评先、礼品兑换、“股份+积分”分配挂钩,有效调动了农民群众参与村庄治理的积极性。据不完全统计,三年来天津市、区两级对接群众需求,实现点单派单精准服务,接受基层点单2万单,服务群众68万余人次。截至2022年5月,全市累计开展新时代文明实践志愿服务活动超过51万次。

天津市文明办编制了《天津市新时代文明实践中心建设标准指导手册(试行)》《天津市新时代文明实践所、站建设标准指导手册(试行)》,从组织架构、阵地整合、队伍建设、活动开展、社会影响等维度综合评价志愿服务工作,引领新时代文明实践志愿服务跨越式发展。2022年按照《中央宣传部办公厅 中央文明办秘书局关于开展新时代文明实践中心建设工作年中评估的通知》要求,天津市委宣传部、文明办发挥牵头抓总作用,开展了“天津市2022年新时代文明实践中心建设工作年中评估”工作,通过评估工作,总结天津新时代文明实践中心建设工作的阶段性成果,并为下一步工作再见成效提供参考。在自评、初评的基础上,市委宣传部、市文明办考量了自评报告和工作汇报,同时考察了各区在典型培育、宣传推广、日常表现等方面的情况,对全市16个区新时代文明实践中心建设工作做出最终认定。

新时代文明实践中心建设及其志愿服务工作受到极大重视。“充分发挥新时代文明实践中心作用”被写入天津市第十二次党代会报告。天津市委办公厅印发《关于深化拓展新时代文明实践中心建设的实施方案》，为新时代文明实践中心建设提供指导和支持。未来天津新时代文明实践志愿服务将继续走向深入。

二　天津新时代文明实践志愿服务面临的挑战

开展新时代文明实践志愿服务以来，天津按照中央和市委的工作部署和要求，进行了很多大胆的探索，取得了一些经验和成效。但是进入新发展阶段，面对人民群众对新时代文明实践志愿服务的多样性需求，天津新时代文明实践志愿服务还存在一些不足。

（一）各区新时代文明实践志愿服务发展不均衡

新时代文明实践中心（所、站）建设以及新时代文明实践志愿服务作为新形式和新事物，一些地区在实施中仍面临不少困难和问题。比较来看，5 个全国试点区因工作起步早，在平台搭建、队伍建设、项目开展和机制创建等方面都较为齐备，11 个非全国试点地区的工作起步晚，水平有待提高。一些区的新时代文明实践志愿服务相关管理工作尚在起步阶段，没有建立工作流程，未形成工作机制，内容比较单一，有的所、站未能有效号召群众踊跃参加新时代文明实践志愿服务活动。总体来看，各区新时代文明实践志愿服务发展快慢不一，全市还没有形成遍地开花、满园春色的良好局面。

（二）信息化服务平台搭建不到位

目前，宝坻、东丽、河东等 11 个区建有区级新时代文明实践中心信息服务平台，平台发布新时代文明实践志愿服务各类信息，能够满足新时代文明实践志愿服务供需对接。但是，全市尚有部分区还未搭建新时代文明实践中心信息服务平台，由于缺少基础的发布途径，难免会降低新时代文明实践志愿服务的时效性。此外，市、区两级平台还没有完全实现数据的互联互通，致使一些管理工作无法有效进行，一定程度上影响了新时代文明实践志愿服务的效率。

(三)社会力量参与不足

作为一项社会事业,新时代文明实践志愿服务不仅需要行政推动,还需要群众、志愿服务组织等社会力量的积极参与,需要社会化运作。目前天津市部分地区的新时代文明实践志愿服务主要还是依靠党政机关来策划和推动。市(区)委、市(区)政府和各行政部门建立的志愿服务队伍在新时代文明实践志愿服务中发挥主要作用。志愿组织设置与党政部门趋于一致,自主发展空间小,社会化水平低。此外,党政干部、党员、团员响应号召开展新时代文明实践志愿服务比较踊跃,市民、村民参与志愿服务的主观能动性不足。受自身能力和素质影响,群众可参与、能参与的活动有限。社会力量进行新时代文明实践志愿服务的创造力和生动性不够。

(四)特色和品牌项目不够

新时代文明实践志愿服务内容对接人民日益增长的美好生活需要有待进一步精准,各级各类志愿服务组织准确把握群众个性化、类型化、差别化需要的能力尚待提升。部分志愿者和志愿组织主观能动性较弱,难以开展经常性、便利化的志愿服务活动。受能力和资源限制,部分地区较少开展针对性强的专业志愿服务。"群众有需求找不到志愿者"或"有服务项目找不到服务对象"的情况还时有发生。一些临时性的新时代文明实践志愿服务所发挥的作用有限,难以满足群众的日常需求。此外,有的地方过于强调规范统一,活动千篇一律,缺乏特色和亮点;有的地区按部就班,甚至被动应付,造成新时代文明实践志愿服务存在同质化倾向和活力不足现象。此外,挖掘培育新时代文明实践志愿服务典型项目不够深入,体现天津市地域文化特色、人文底蕴、在全国有影响力的新时代文明实践志愿服务品牌项目数量较少。再有,虽然一些地区紧密结合自身资源禀赋推进工作,产生了不少可圈可点的做法举措,但还没有充分总结,形成经验,进行推广。

三　推进天津新时代文明实践志愿服务高质量发展的对策建议

新发展阶段，开展新时代文明实践志愿服务是推动习近平新时代中国特色社会主义思想不断深入人心、落地生根的重要内容。新时代文明实践志愿服务应积极回应时代的新需求、新特征，使新时代文明实践志愿服务深度融入经济、社会、文化建设的方方面面。为推进天津市新时代文明实践志愿服务高质量发展，提出以下对策建议。

（一）坚持党建引领，推进新时代文明实践志愿服务的制度化建设

坚持党对新时代文明实践志愿服务事业的领导，确保新时代文明实践志愿服务始终有利于弘扬党的宗旨，有利于体现党的关怀，有利于密切党群关系，有利于扩大党的群众基础。通过开展新时代文明实践志愿服务，让党的理论和路线方针政策走进基层。从全市范围考察，5 个全国试点区新时代文明实践志愿服务发展较好，其他 11 个区相对薄弱，未来要着重加强薄弱区新时代文明实践中心（所、站）的基础设施建设工作，细化新时代文明实践各基地管理办法。充分发挥 5 个全国试点区、和平区新兴街朝阳里社区等示范带动作用，深化全国文明城区创建“文明带提名”结对共建工作，深入落实全国试点区“帮包计划”，促使薄弱区加速升级新时代文明实践志愿服务工作，推动重点领域的志愿服务工作取得突破。健全考核评估体系，在天津市新时代文明实践中心（所、站）建设标准基础上，结合实际，完善形成新时代文明实践志愿服务工作考核评估体系，通过考核评估促进薄弱区提质，推进全国试点区创优。推进新时代文明实践志愿服务规范化，制定志愿服务嘉许激励办法，推进志愿服务纳入天津市自然人公共信用评价指标体系。推动建立天津市新时代文明实践志愿服务基金、志愿服务促进中心。加强新时代文明实践志愿服务培训，提升基层工作水平，利用线上线下多种方式，提高新时代文明实践志愿服务培训的针对性、时效性。加强新时代文明实践志愿服务保障工作，落实好各项关心

关爱措施。健全完善市级单位与各区联系共建制度,充分发挥市志愿服务工作协调小组和天津市志愿服务联合会的统筹协调作用,发挥资源优势,形成联动机制。提高新时代文明实践志愿服务的组织化、有序化程度,构建党政统筹、多部门联动、社会力量积极参与的新时代文明实践志愿服务工作机制,不断加强新时代文明实践志愿服务的制度化建设。

(二)构建智慧工作平台,促进新时代文明实践志愿服务的智慧化建设

运用大数据、互联网、移动端 App(应用程序)等技术搭建或更新市级、区级新时代文明实践志愿服务智慧工作平台,通过数据采集和整合,形成专门化的新时代文明实践志愿服务信息系统。打通数据壁垒,形成市、区两级信息服务平台贯通,实现数据信息互联共享。居民、社会团体等能够通过平台便捷注册为志愿者。各类主体可以随时浏览平台信息,参与志愿服务项目。志愿者能够记录、转移、接续自己的志愿服务时长。志愿服务组织按照规范在平台上发布项目、招募管理志愿者、开展服务。党政管理部门通过平台全面了解志愿服务情况、开展数据决策分析。利用信息资源与智能运算实现志愿服务供需的精准匹配。通过平台数据的智能算法与精准分析,对志愿者、志愿组织、志愿服务项目等信息进行分类分级。综合研判居民服务诉求、服务时间、志愿主体意向及素质技能,定向派单,达到人力资源高效配置和志愿服务精准开展。应用 GPRS(通用分组无线业务)技术实现志愿服务活动在网络地图上显示,便于志愿主体及时了解掌握信息,就近参与志愿服务。利用志愿服务智慧工作平台建立积分兑换激励机制或时间银行激励机制,通过线上积分记录,线下商品和服务兑换等举措提高志愿服务主体的积极性。在智慧工作平台设立“交流区”,构建服务和被服务主体之间常态化的志愿服务评价机制。强化志愿服务与其他服务的功能平台衔接,形成多方主体高效协作、联动服务模式。设立线上培训机制,利用多媒体教学,进行服务态度、权利义务、服务技能等方面的培训,加强志愿服务各主体共建共治共享的能力建设。[1]

① 桂慕梅:《促进社区志愿服务智慧化》,《天津日报》2021 年 11 月 12 日第 9 版。

（三）采取多元举措，增强新时代文明实践志愿服务的社会化建设

引导更多社会力量积极参与，形成社会合力，提升新时代文明实践志愿服务的社会化水平。新时代文明实践志愿服务要强化认同意识、坚持以知促行，深刻挖掘整理天津乐善好施的地域文化传统，强化志愿精神，弘扬社会主义核心价值观，营造浓厚的志愿服务社会文化氛围。充分考虑群众的多元化需求与诉求，对群众反映、盼望强烈的问题以新时代文明实践志愿服务形式积极回应，开展儿童教育、养老互助、就业指导、农技服务等便民利民的新时代文明实践志愿服务，以服务和活动引导和激发各界参与新时代文明实践志愿服务的积极性和内生动力。着力创新工作方法，用群众语言、鲜活事例、生动典型等群众喜闻乐见的形式吸引群众参与，引导群众从身边小事做起，通过举手之劳、力所能及的平凡之举拓展新时代文明实践志愿服务。注重挖掘社区、农村“热心人”“好心人”率先参与志愿服务，积极吸纳有志向、有见识、有才干的社会各界人士成为志愿者。充分发挥枢纽型、支持型志愿服务组织的示范带头、桥梁纽带作用，带动更多社会组织加入新时代文明实践志愿服务队伍中。加强新时代文明实践志愿服务管理者为人民服务的意识和能力，从群众角度思考问题，把握群众心态，充分运用交流与沟通的技巧，与群众交换意见、紧密联系，引导和动员群众参与新时代文明实践志愿服务。探索设立文明实践基金，引导社会力量广泛参与支持新时代文明实践志愿服务工作。畅通新时代文明实践志愿服务的参与途径，发挥新时代文明实践中心（所、站）阵地作用、各单位各部门的组织作用，广泛动员社会各界参与新时代文明实践志愿服务，形成党政群合力构建文明实践志愿者队伍的新局面。

（四）提供多种供给，加强新时代文明实践志愿服务的特色化建设

新时代文明实践志愿服务是在新思想引领下开展的志愿服务，通过志愿服务活动和项目，让群众感受到党的关怀、获得帮助、密切党群关系。随着新时代文明实践志愿服务深入开展，天津市应不断加强教育、养老、文化、文艺、体育、科技、医疗等多种志愿服务供给，不断满足群众对美好生活的需求。以

群众需求为导向,开展新时代文明实践志愿服务,按照“年度定计划、月月有安排、件件可落实”的工作原则,积极探索完善“开门询单、群众点单、中心派单、志愿接单、社会评单”的“五单”机制,让新时代文明实践志愿服务开展得更加精准,使服务延伸到基层、拓展到群众身边,让人民群众更有收获。通过在乡村持续开展新时代文明实践志愿服务,移除陋俗,倡导新风,以文明乡风助推乡村治理,为乡村振兴注入文明力量。推动新时代文明实践志愿服务在城乡基层广泛开展,通过各种形式使新时代文明实践志愿服务进家庭、进楼门、进社区、进机关、进学校、进企业、进商户,以家风带社风,以社风促政风,以文明促新风,令社会风气愈加清朗宁和、温暖友爱。充分发挥和平区新兴街朝阳里社区志愿服务的示范带动作用,加强新时代文明实践志愿服务先进典型的总结。通过组织实地考察、成果展示、项目大赛等,加大力度推广新时代文明实践志愿服务的成功经验和创新做法。提倡条件允许的地区,按照“创建区域品牌,打造地方特色”的原则,充分发掘本地人文历史、文化传统、道德文明、农业科技等资源优势,努力推出一批具有鲜明特色的新时代文明实践志愿服务项目,并做好传播工作,形成有全国性影响力的新时代文明实践志愿服务品牌,为高质量推进天津市新时代文明实践志愿服务贡献力量。

参考文献:

[1]丁元竹、郑瑞涛、王鹏:《志愿服务指标体系研究》,清华大学出版社,2018。

[2]谭建光主编:《如何做好文明实践志愿服务》,广东人民出版社,2020。

[3]魏娜主编:《志愿服务概论》,中国人民大学出版社,2018。

[4]张祖平:《志愿服务如何服务于新时代文明实践中心建设》,《中国社会工作》2019年第24期。

天津市社区老年志愿服务专题报告

丛　梅　天津社会科学院社会学研究所研究员

摘　要： 基于“天津市千户居民户卷调查”，发现天津市老年志愿者热心参与社区公共事务，半数以上老年党员志愿者坚持政治参与，身心健康、生活态度积极的低龄老人参与志愿服务活动的意愿最为强烈。另外还发现，老年人参与社区志愿服务活动的政策法规支持体系尚不完善，参与渠道不够畅通，多层次、多样化的志愿活动较为缺乏，活动经费得不到充分保障。基于上述研究，本报告提出老年人参与志愿服务要坚持自愿参与、量力而行的原则。进一步提升社区老年志愿服务水平，需持续加强以下几个方面：一是更新观念，注重参与意识引导，重视老有所为的社会价值；二是完善老年人参与志愿服务活动的政策供给，提升社会赋权水平；三是强化相关法律法规的配套，保障老年志愿者的合法权益；四是发展社区老年志愿服务组织，构建劳动互换制度；五是依托“志愿服务 + 互联网”平台，加强老年志愿服务信息库建设。

关键词： 老年志愿服务　社区　老有所为

一　引言

我国作为世界人口大国，人口老龄化是未来三十年的基本国情。党的十九大报告指出，要积极应对人口老龄化，构建养老、孝老、敬老政策体系和社会环境。2020 年,党的十九届五中全会将积极应对人口老龄化上升为国家战略。城市社区老年志愿服务作为实现积极老龄化的有效实践路径,作为提高社会治理能力和水平的重要内容,将在建设老年友好型社会中发挥重要作用。

第七次全国人口普查数据显示,我国 60 岁及以上老年人口为 2. 64 亿,60 至 69 岁的低龄老年人口占 60 岁及以上人口的 55. 83%。面对数量庞大的低龄老年人群体,在“未富先老”的基本国情背景下,合理利用、充分开发低龄老人的人力资源是非常重要而紧迫的任务。借鉴美国一项全国性调查,2001 年,美国大约有 44% 的 55 岁及以上的志愿者平均每周服务 4. 4 个小时;2640 万名老年志愿者服务时间总和约为 56 亿小时,其价值达 772 亿美元。老年人参与志愿服务活动,一方面有利于社会经济发展,创造更多社会财富;另一方面调动了老年人自身力量,借助老年志愿服务组织这个平台,通过“时间银行”和“积分换服务”等方式为社区居家互助养老增添力量,既减轻了子女负担,又降低了社会成本,促进了社会和谐进步与代际关系的融洽。同时还让老年人远离孤独寂寞,保持必要的社会交往和互动,提升了老年人晚年生活的幸福感和身体健康水平。

2002 年,联合国《马德里老龄问题国际行动计划》中,把“独立、参与、照顾、自我实现、尊严”确定为 21 世纪老年发展的原则①。老年人积极参与社会活动被正式纳入“积极老龄化”发展战略,成为国际社会解决人口老龄化问题的普遍共识。“积极老龄化”承认在增龄过程中老年人有机会均等和处理生活各方面的权利。《中华人民共和国老年人权益保障法》针对老年人参与社会发展单列章节进行了专门规定,从法律上对老年人参与社会活动予以保护。基于法律的保护,政府在鼓励和倡导健康低龄老年人根据社会需要和自身条件量力参与志愿服务活动,为社区和社会公共事务做出积极贡献方面承担着重要责任。天津市和平区朝阳里社区是全国首个社区志愿者组织的发祥地,2019 年 1 月 17 日,在社区志愿服务展馆,习近平总书记同志愿者亲切交流。

① 翟绍果:《基于健康老龄化战略的老年人精神保障体系构建研究》,载全国老龄工作委员会办公室编《老龄政策理论研究(2016)》,华龄出版社,2017,第 201 页。

总书记强调,志愿服务是社会文明进步的重要标志,是广大志愿者奉献爱心的重要渠道。“志愿者事业要同‘两个一百年’奋斗目标、同建设社会主义现代化国家同行。”

二 天津市老年志愿者参与志愿服务活动现状

为更加客观地了解天津市老年人参与志愿服务活动现状以及参与过程中存在的主要问题,天津社会科学院2021年4月在“天津市千户居民户卷调查”中专门就老年人退休后参与社区志愿服务活动等内容进行了问卷调查。调查对象为全市16个区中的3260名居民。在3260个样本中,经过筛选,选取年龄在55周岁及以上的退休人员作为本项研究的调查对象,符合条件的有效问卷为1821份。其中男性有624人,占34.3%;女性有1197人,占65.7%。采用SPSS 19.0统计软件进行数据处理与分析,并且,选取20位居住在社区的退休老年人进行了深度个案访谈。

(一)老年志愿者参与社区志愿服务活动积极热情

志愿者是指以自己的时间、知识、技能、体力等从事志愿服务的自然人[①]。志愿服务是指利用自己的时间、技能、资源、善心为邻居、社区、社会提供非营利、无偿、非职业化援助的行为。志愿服务是社会文明进步的重要标志,志愿服务参与者主要为全职工作者、自由职业者、学生、离退休人员和待业待岗人员等。据2020年上海志愿服务发展报告显示,35至60岁的志愿者占注册志愿者总数的39.2%,60岁以上的志愿者占注册志愿者总数的33.5%。[②] 60岁上下的低龄老年志愿者大约占到40%。由此可见,老年志愿者是志愿服务队伍中不可缺少的力量。

① 邹宇春、张丹、席玥:《中国志愿服务参与状况调查报告》,载李培林、陈光金、张翼主编《2019年中国社会形势分析与预测》,社会科学文献出版社,2019,第224页。

② 上海市精神文明建设委员会办公室主编:《上海志愿服务蓝皮书(2021)》,上海人民出版社,2021,第3页。

《中共中央　国务院关于加强和完善城乡社区治理的意见》提出:“发展社区志愿服务,倡导移风易俗,形成与邻为善、以邻为伴、守望相助的良好社区氛围。”社区志愿服务是社区治理中的一支重要力量,老年志愿者作为志愿服务队伍中不可缺少的组成部分,在创新社区治理格局、引领社区文明实践、维护社区和谐稳定等方面发挥着重要作用。老年志愿者可以参加多项适合他们年龄和身体健康状况的志愿服务活动,其内容主要包括:环境保护、帮困助弱、社会治安、邻里纠纷调解、社区建设、咨询建议等多个方面。长期以来,我们忽视了老年人的积极性和主观能动性,忽略了部分老年人“老有所为”的意愿。调查发现,近半数的老年志愿者热情投身于社区志愿服务活动,有56.7%的老年志愿者表示经常参与维护社区卫生环境,这一比重较2019年[①]升高了33.3个百分点,这与新冠肺炎疫情期间的全民动员、参与社区卫生环境整治工作有关,也反映出居民的卫生防病意识有了新的提高;有16.5%的老年志愿者热心于关心教育下一代的志愿活动;有41.6%的老年志愿者经常参与维护社区社会治安活动,这一比重较2019年上升了28.1个百分点;还有20.9%的老年志愿者热心协助调解邻里纠纷,这一比重较2019年上升了8.4个百分点。此外,经常参加各类社会团体活动的老年志愿者占24.2%;经常参加社区组织的各类文化科技推广活动的老年志愿者占36%,这一比重较2019年上升了19.3个百分点(见图1)。总之,2021年较2019年,天津市老年志愿服务的活跃度和参与度有了进一步提升。

①　天津社会科学院于2019年通过“天津市千户居民户卷调查”对全市16个区的部分居民就老年人社会参与情况进行了网络问卷调查,其中包括老年人参与社区志愿服务的情况调查。

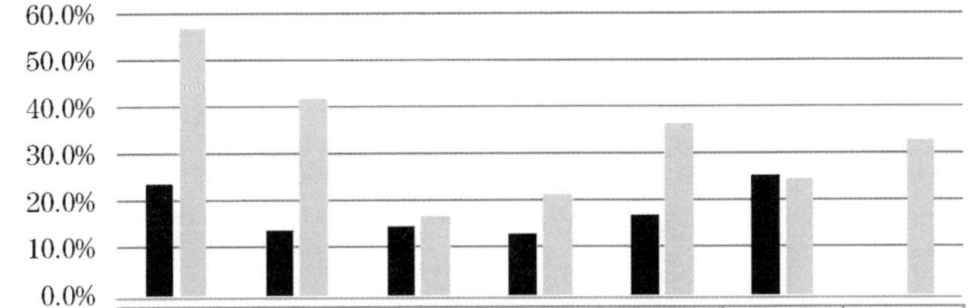

	维护社区卫生环境	维护社区社会治安	关心教育下一代	协助调解邻里纠纷	社区组织的文体科技推广活动	社会团体活动	帮助邻居孤寡老人
■2019年	23.4%	13.5%	14.3%	12.5%	16.7%	25.0%	
■2021年	56.7%	41.6%	16.5%	20.9%	36.0%	24.2%	32.9%

■2019年 ■2021年

图1 2019年和2021年老年志愿者参与社区志愿服务活动情况

长期以来,城市社区志愿者队伍建设基础相对薄弱,影响了老年人参与社区志愿服务活动的积极性,其中,老年人社会参与的认同心理直接影响他们参与志愿服务活动的意愿,是否"自愿参与"是决定其行为的内在动力。因此,了解老年人参与志愿服务活动的动机能够使志愿者的兴趣、技能与组织的需要达到最好的切合点,是吸引和留住志愿者非常重要的一点。[①] 调查中,当问到老年志愿者参与志愿服务活动的动机时,有81.8%的受访者表示参与志愿服务活动的主要动机是"发挥余热,老有所为";认为积极参与社会活动可以"实现自我价值,得到社会和他人认可"的占72.7%;认为社区志愿者组织的工作做得好,愿意参与的占40.9%;另有27.3%的老年志愿者认为参与志愿服务活动可以扩大人际交往范围,多认识一些新朋友,对此很有兴趣。此外,虽然受访者已经是老年人或准老年人,但表现出来的帮老助老意愿却比较高,表示愿意帮助社区里生活困难的老邻居的占78.5%,该项统计结果与第四次中国城乡老年人生活状况抽样调查[②]结果相比,上升了2.1个百分点。

① 杜鹏、谢立黎、李亚娟:《如何扩大老年志愿服务?——基于北京朝外街道的实证研究》,《人口与发展》2015年第1期。

② 天津市老龄工作委员会办公室:《第四次中国城乡老年人生活状况抽样调查(天津部分)数据分析》(内部资料),第25页。

(二)老年志愿者普遍热心参与社区公共事务

对社区而言,参与志愿服务是社区公共事务参与的一个重要行动。[①] 老年人参与社区志愿活动是社区治理的重要组成部分,老年志愿者是不可或缺的社会力量,志愿服务活动有助于激发公民的社会责任感,营造“人人为我,我为人人”的良好社会风尚。“中国社会状况综合调查”中的志愿服务调查数据显示,在17类志愿服务中,位居第一的是“老年关怀”,占10.6%。在参与“老年关怀”志愿服务活动的志愿者中,“50后”及以前的老年志愿者占47.9%;“60后”占45.9%;“70后”占44.9%;“80后”占33.3%;“90后”占32.7%。[②] 由此可见,在“老年关怀”志愿服务活动中老年志愿者的参与率最高,“50后”和“60后”较年轻人更倾向参与“老年关怀”志愿服务活动。这种低龄老人帮助高龄、独居或生活困难的老人,形成志愿服务的回馈制度,通过采取志愿服务“时间银行”“互助服务”等形式,使志愿服务成为“付出、积累、回报”的“爱心储蓄”,不断地传承下去(见图2)。

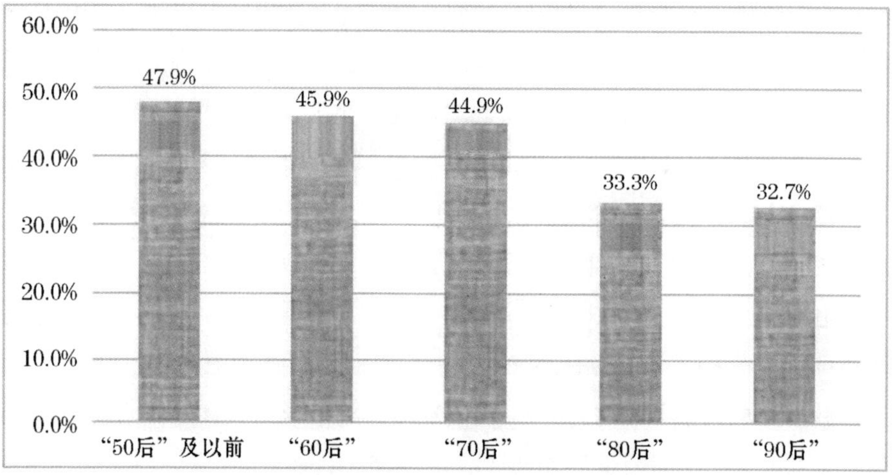

图2　不同代际志愿者志愿服务参与率的比较

① 李炜、邹宇春:《中国城乡居民的社会和政治参与》,载李培林、陈光金、张翼主编《2019年中国社会形势分析与预测》,社会科学文献出版社,2019,第148页。

② 邹宇春、张丹、席玥:《中国志愿服务参与状况调查报告》,载李培林、陈光金、张翼主编《2019年中国社会形势分析与预测》,社会科学文献出版社,2019,第232页。

此外，老年志愿者不仅在“老年关怀”志愿服务活动中积极踊跃，也主动参与社区治理，为文明社区建设奉献力量，这也正符合志愿者精神中的“奉献性”特征。“天津市千户居民户卷调查”数据显示，老年志愿者在“提升物业管理水平”“改善社区卫生状况”等方面积极建言献策。有59%的受访老年人认为社区应多组织“困难老人帮扶活动”，有44.1%的受访老年人认为社区应多组织“维护老年人合法权益活动”，还有34.3%的受访老年人认为社区应多组织“志愿公益活动”（见图3）。

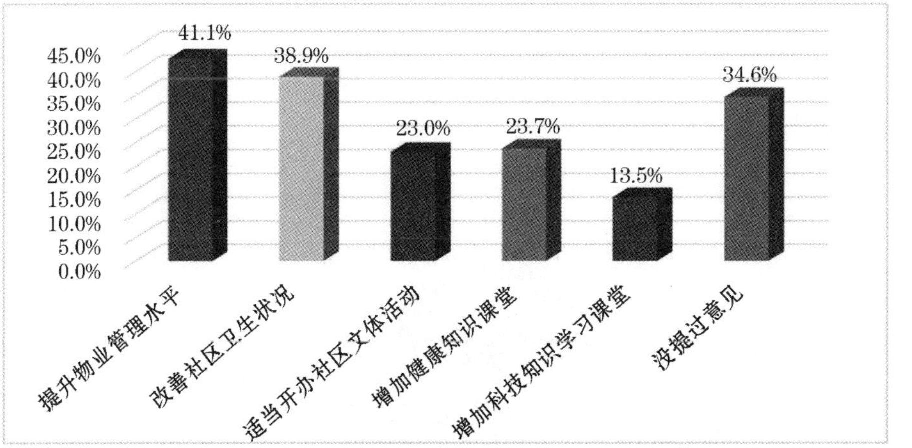

图3　老年志愿者向社区提出过的意见和建议情况

（三）半数以上老年党员志愿者坚持政治参与

社会参与分为生产性社会参与和政治性社会参与。政治参与主要指的是公民以合法的方式参加政治生活，并影响政治体系的构成、运行方式、运行规则和决策过程的行为。① 参与政治活动志愿服务需要时间、能力、社会认知和社会能力，相对而言对参与者的要求更高，相应的也能更好地反映社会参与的

① 全国老龄工作委员会办公室编：《第四次中国城乡老年人生活状况抽样调查数据开发课题研究报告汇编》（上），华龄出版社，2018，第274页。

质量。改革开放以来,随着社会发展进步,我国公民的政治参与日趋活跃,形式也由革命型、动员型转向自主型和建设型。我国的政治参与发生了深刻的变化,老年党员虽然退休在家,依然关心国家大事和社会形势,表现出一定的政治参与热情和需求。如何发挥好社区老党员的模范带头作用,带动并影响更多的社区居民积极参与社区志愿服务活动,是未来志愿服务工作创新的着力点。当前,天津市老年党员政治活动参与主要包括社区居民选举、党员活动及其他有关社区精神文明建设方面的活动。“天津市千户居民户卷调查”数据显示,有24.7%的受访老人是中国共产党党员,其中,有55.6%的老年党员经常参加社区党支部组织的志愿服务活动,有25.6%的老年党员表示偶尔参加,另有5.3%的老年党员由于身体有病、行动不便等原因不能参加,仅有2%的老年党员表示退休了,不愿再参加活动了(见图4)。

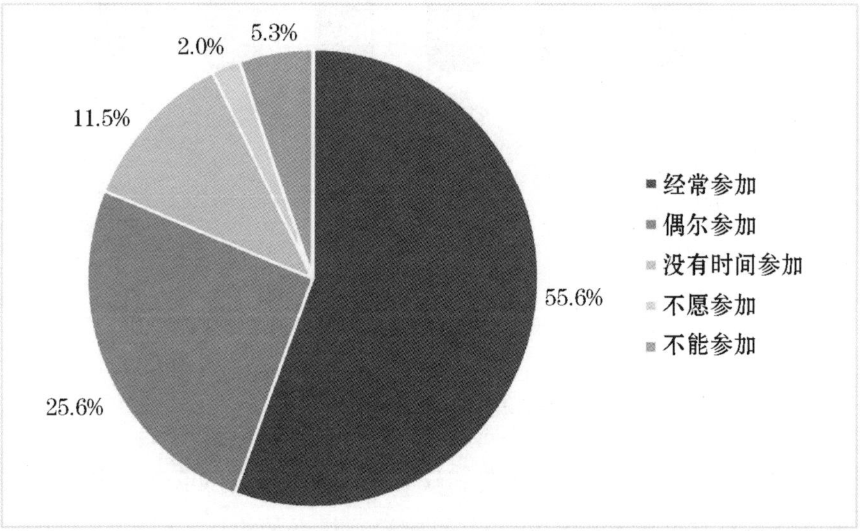

图4　社区老年党员参加党员活动情况

【案例1】北辰区佳荣里社区党委成立了“滕大姐工作室”,积极发挥党员先锋模范作用,将“为老服务”作为延伸社区治理的有效载体,建立日常服务热线通、居民微信互动通、反映意见建议通、社区论坛四方通、警民网格联络通,事事有回音,件件有着落,达到群众满意的“五通一达”社区居民参政议政的沟通渠道。其将“奉献、友爱、互助、进步”的志愿服务精神播撒到社区每一个角落,营造了邻里和睦、守望相助的良好氛围,促进了社区和谐稳定和居民素质的提升。

三 天津市老年志愿服务活动特点

(一)受教育水平越高,参与社区公共事务的可能性越大

受教育水平的高低将会决定个人人力资本的多寡,进而影响志愿服务的意愿和质量。此次调查结果显示,老年志愿者受教育程度对参与社区公共事务的意愿有较为显著的影响。

在全部受访者中,有40.7%的受访老人表示愿意参与社区公共事务。其中,受教育程度越高的受访者愿意参与社区公共事务的可能性越大。从受教育水平分析,参与社区公共事务所占比重最高的是受过高中教育的,占41.3%;受过大专教育的占17.4%;受大本及以上教育的占10.7%;前三项合计69.4%。受过初中教育的占27.4%;受过小学教育的仅为3.2%。在受访者中,有一技之长且受教育程度较高的(如:退休前是医生、会计等职业的)退休后社会参与积极性更高。由此可见,受教育水平高,或有一技之长的受访老年人参与志愿服务的意愿更为强烈,参与志愿服务的可能性更大。

【案例2】天津市和平区南京路社区“老军医学雷锋志愿服务队”。在和平区劝业场街南京路社区,一群退休老军医、老专家组成的“老军医学雷锋志愿服务队”,每个月定期义务为社区居民“望闻问切”,被大家称为身边的“家庭医生”。除了定期义诊外,平时老军医们也闲不住。“我们还建立了QQ群,在群里转发医疗保健知识,指导群众防病治病。”儿科专家郝淑媛不仅一一回答年轻妈妈的求教,还把一些实用简便的小配方“广而告之”。[1]

① 《老军医送健康志愿服务项目》,天津志愿服务网,2016年9月22日访问,http://shequ.enorth.com.cn/system/2016/09/22/031183017.shtml。

(二)身心健康的老人参与志愿服务比例更高

根据第六次全国人口普查数据,60 岁以上人口中,表示身体健康的占 43.8%,表示身体状况基本健康的占 39.3%,仅有不到 3%的 60 岁以上人口处于生活不能自理状态。相隔十年,第七次全国人口普查数据显示,天津市常住人口近 1400 万人,60 岁及以上老年人口有 300.27 万,占常住人口的 21.7%,超出全国平均水平 3 个百分点。60 岁以上人口中表示身体健康和基本健康的超过 70%。其中低龄健康老年人是社区志愿服务活动中不可缺少的宝贵资源。

公共卫生研究发现,老年人在晚年参与志愿活动和降低发病率、减少抑郁症、改善健康之间呈正相关。[①] 活动理论认为,成功的老年生活是活动的老年生活,特别是那些不断参加社会活动的老年人,他们的生活质量是最高的。通过此次调查发现,身心健康的受访老年人更愿意参与帮助社区里其他有困难老人的志愿服务活动。我们说老年人认同并愿意进行社会参与,既有主观方面的参与动力因素或阻碍因素,也有诸多客观条件的限制。身体健康状况就属于客观条件,自我评价身体健康和基本健康的老年人愿意帮助社区里有困难老人的比例较高。其中,身体健康状况"非常健康和基本健康"的占 52.9%,表示"有疾患,但身体状况良好"的占 38.9%。

进一步分析显示,身体健康状况越好的老人,越愿意加入社区居家养老志愿服务组织。在问到是否愿意加入社区居家养老志愿服务组织时,有 47.5%的受访老人回答"愿意加入",有 44.7%的受访老人回答"说不好,还在犹豫",仅有 7.8%明确表示"不愿意"。在回答"愿意"加入的受访老人中,身体健康状况"非常好和比较好"的占 41.5%,表示身体健康状况"一般,基本健康"的受访老人占 51.1%。回答"不愿意"的受访老人,主要是因为"健康状况不佳"和"家庭不支持"等原因。

① 杜鹏、谢立黎、李亚娟:《如何扩大老年志愿服务?——基于北京朝外街道的实证研究》,《人口与发展》2015 年第 1 期。

(三)低龄老人参与志愿服务更为踊跃

美国学者通过对老年志愿者的研究发现:年龄、性别以及持续性是影响老年人参与志愿服务的重要因素。① 由于我国退休年龄是按照不同行业不同标准规定的,因此,企业和事业单位的退休年龄有所不同。企业女性职工 50 岁到了退休的年龄,而这个年龄并非传统意义上的"老年人",最多可以称其为"准老人"。这些健康低龄的"准老人"退休后依然精力充沛,充满活力,并有较为强烈的发挥余热的意愿,他们不愿退休后便与社会脱节。调查结果显示,低龄老年组的社会参与意愿较高。

【案例 3】天津市红桥区和苑街的老吾老服务中心在组织老年人每天的文娱活动和服务生活困难群体方面不断加大工作力度。和苑街的居民多为天津西站拆迁后回迁的老街坊,老年活动中心的 A 女士是负责人之一,也是各项活动的积极分子,她退休前是一名会计,42 岁时提前内退,后在朋友的公司再就业。还迁后,她发现老街坊们从过去的平房搬进楼房,有些年龄大的独居老人急需多项社会服务,于是,她带领退休的姐妹们经常去生活困难和独居老人家嘘寒问暖,帮助老邻居们解决一些生活中的困难,让老人们心中倍感温暖。

(四)生活态度积极的老人更愿参与志愿服务

"让老年人拥有幸福的晚年,后来人就有可期的未来。"②2019 年国务院政府工作报告中这句承诺掷地有声、直抵民心。随着社会保障水平和养老金的逐年增长,天津市老年人的幸福感也在逐步提升。调查结果显示,感觉幸福的老年人远高于感觉不幸福的老年人。有 16.9% 的老人认为老年生活"非常幸福";认为老年生活"比较幸福"的高达 42.8%;两项合计 59.7%。认为老年生活"一般"

① 李芹:《城市社区老年志愿服务研究——以济南为例》,《社会科学》2010 年第 6 期。

② 《2019 年政府工作报告》,中国政府网,2022 年 10 月 8 日访问,www.gov.cn/zhuanti/2019qglh/2019lhzfgzbg/index.htm。

的占37.1%;认为生活“比较不幸福”的占2.7%;认为“非常不幸福”的仅占0.5%(见图5)。幸福感强烈的受访老人,其幸福的原因主要来自以下六个方面,按所占百分比从高向低排列,依次为:认为人际关系和谐(主要指亲朋好友和邻里关系和谐),占47.2%;认为社会保障水平提高了,占44.8%;认为社会大环境逐渐好转的占43.9%;认为退休金涨了的占38.7%;认为住房条件得到改善的占33.9%;认为医疗条件改善了的占20.3%(见图6)。

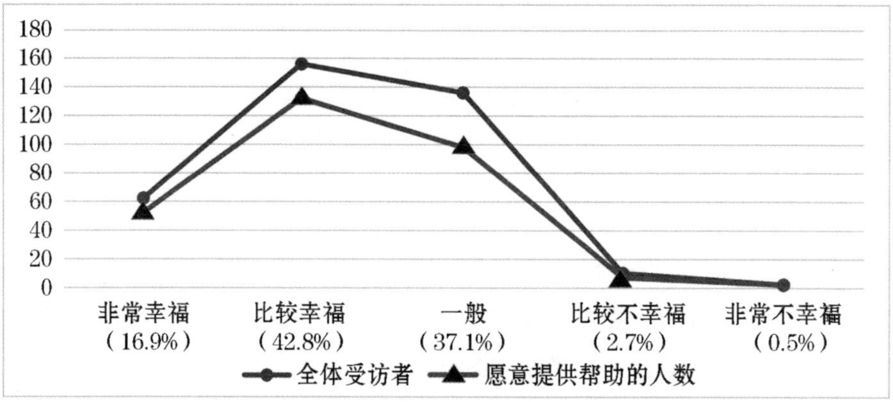

图5　幸福感对老年人参与志愿服务的影响情况

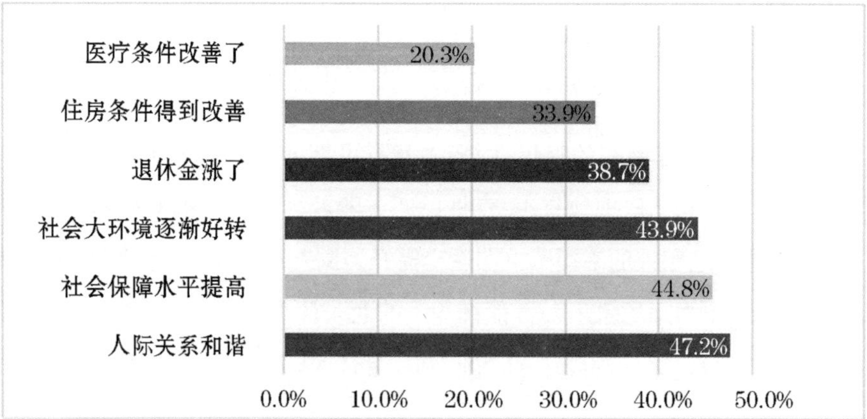

图6　幸福感强的老人感觉幸福的主要原因

我们发现,幸福感强的老年人参与社区志愿服务组织更为踊跃,认为自己生活非常幸福和比较幸福的老年人表示愿意加入社区居家养老志愿服务组织和老年大学的所占比重最高。幸福感强的老年人当中有 23.9% 表示愿意加入社区养老志愿服务组织,继续发挥余热;认为自己生活比较幸福的老年人当中,表示愿意加入养老志愿服务组织的高达 47.2% 。认为自己生活非常幸福和比较幸福的老年人中,有 63.8% 参加了老年大学课程学习。与此同时,随着老年人幸福感的逐渐降低,选择愿意加入养老志愿服务组织发挥余热的,以及愿意参加老年大学学习的比重在逐渐降低。

四　老年人参与志愿服务活动中存在的主要问题

(一)参与志愿服务活动的组织尚待明确

实现老年人社会参与,要有社会组织和群众组织作为依托。基层老年协会是老年人自我管理、自我教育、自我服务和发挥余热的老年群众组织。老年协会的发展是老年人参与志愿服务活动的重要平台。《天津市"十三五"老龄事业发展和养老体系建设规划》中明确提出:大力提升老年协会能力建设和规范化建设。到 2020 年底,城乡社区基层老年协会覆盖率达到 90% 以上。[①] 达到"十三五"规划中规定的覆盖率并不困难,困难的是如何在规范和均衡发展的同时,发挥好基层老年协会的积极作用,让广大老年人可以通过老年协会等组织形式,更深入地参与社区建设,提升老年人归属感和社会认同需求。

然而,天津市的调查结果显示,仅有 12% 的受访老年人参加了社区老年互助志愿服务组织。没有参加社区老年互助志愿服务组织的受访老人,主要是出于以下原因:社区没有成立老年互助志愿服务组织、自己身体不好不能参加、本人不感兴趣以及家庭不支持等。这说明,目前天津市各区老年志愿服务

① 《天津市"十三五"老龄事业发展和养老体系建设规划》,天津政务网,2017 年 11 月 1 日访问,https://www.tj.gov.cn/zwgk/szfwj/tjsrmzfbgt/202005/t20200519_2370428.html。

组织发展不均衡、不充分,影响力不足,开展工作还存在一定的局限性,老年人参与志愿服务活动的组织有待明确,相关制度亟须健全和进一步完善。

(二)参与志愿服务活动的渠道有待畅通

得到社会尊重和认同是人的根本需求,同样也是老年人的需求。积极参与志愿服务活动可以帮助老年人保持与社会的有效联系,能够使他们赢得社会的尊重和认同,也能够有效抵御因年老产生的孤独感和无助感。调查中,有88.2%的受访老人认为参与志愿服务活动能够使他们感到幸福快乐,让生活更加丰富多彩。由此可见,绝大多数老年人参与志愿服务活动的态度是积极的,渠道的畅通可以帮助老年人顺利实现社会参与意愿。然而,目前参与志愿服务渠道不够畅通、参与载体数量少,服务能力不强,以及参与志愿服务的激励保障机制不健全,大大限制了老年人参与志愿服务活动。调查显示,42%的受访者表示社区提供的志愿服务活动项目少,缺少参与平台,难以满足他们的参与需求,无法真正实现参与意愿。

(三)参与志愿服务活动的相关政策法规体系有待完善

保障老年人权益反映了一个社会的历史文化传统,是一个社会文明进步的标志,体现一个社会的现代化水平,这尤其与政策和法律密切相关。《中华人民共和国老年人权益保障法》作为一部专门法,是维护老年人合法权益的根本性法律,具有重要作用。该法针对老年人参与社会发展单列章节进行了专门规定。该法在第七章中,明确规定了老年人的政治参与、经济参与、公益参与和文化参与。《中华人民共和国老年人权益保障法》作为涉及重大民生问题的关键性法律,理应为广大老年人所熟知、所运用。然而,调查中有超过一半的受访老年人不知道这部法律,凸显了老年权益保障法律知识宣传普及工作的缺位。在受访老人中,有58.1%的老人表示“不知道”这部属于老年人自己的法律,这将极大地制约着老年人的社会参与,成为导致老年人社会参与不充分、不平衡的重要原因。

（四）对参与志愿服务活动的认识不清，宣传尚待加强

在调查中，当问到“您参加了下列哪些社会组织和团体？”有 44.9% 的受访老年人回答“什么都没有参加”。从中我们发现，参与社区志愿服务活动的退休老年人占比并不高。对比同样老龄化严重的日本，老年人退休后的社会参与率是比较高的，例如：2019 年，日本 60 至 64 岁、65 至 69 岁的老年人就业率分别为 68.8% 和 46.6%。与之相比，我国城镇 60 至 69 岁老年人劳动参与率仅为 7.4%，农村老年人劳动参与率仅为 40.8%，城镇地区的老年人劳动参与率明显不足。究其原因，一是社区老年志愿服务的整体氛围不浓，老年人参与意识不强；二是担心在志愿服务过程中得罪人，引发邻里矛盾；三是志愿服务的宣传不够，使得社区居民对志愿服务认识不清，认为社会地位较低的人员才会参与志愿服务。

五　关于完善老年人参与志愿服务活动的对策建议

针对上述问题，建议在现有政策措施基础上，对老年人参与志愿服务本着一个原则，即自愿参与、量力而行，不搞“一刀切”。同时，不断完善以下五个方面的具体措施，为老年人积极参与志愿服务活动搭建平台、创造条件。

（一）更新观念，注重参与意识引导，重视老有所为的社会价值

老龄化是关乎我国实现“两个一百年”目标的全局性问题。习近平总书记指出，要加强老龄科学研究，借鉴国际有益经验，搞好顶层设计，不断完善老年人家庭赡养和扶养、社会救助、社会福利、社会优待、宜居环境、社会参与等政策，增强政策制度的针对性、协调性、系统性。[①] 2022 年《国民经济和社会发展第十四个五年规划和二〇三五年远景目标的建议》提出，要积极开发老龄人力

① 《习近平：推动老龄事业全面协调可持续发展》，央广网，2016 年 5 月 29 日访问，http://news.cnr.cn/special/xishenghuixiang/xishenghuixiang/xishenghuixiang/20160707/t20160707_522615697.shtml。

资源。为此,我们需要更新观念,改变老年人是社会包袱的旧观念,将其视为社会的宝贵资源和财富,重视对老年人力资源的再开发、再利用,重视对“银色产业”发展的研究,重视“老有所为”的社会价值。

从政府层面讲,要提高思想认识,提高政治站位,更新观念,增强各级政府迎接老龄化社会的思想准备,并对老龄化带来的新问题做出积极的回应,重视对老年人力资源的再开发工作,变“未富先老”和“未备先老”为“边富边老”和“边备边老”。数量庞大的老年群体中蕴藏着巨大的潜能,他们一生积累的知识、技能、经验,以及仍然积极活跃的生命,是整个社会资源库中不可缺少的财富。加大对老年人,尤其是健康低龄老年人社会参与的政策倾斜和支持力度,通过减税、奖励等政策和方式,引导企业、社会团体和社会组织支持老年人参与社会建设,创立一系列品牌型的参与志愿服务项目。对于老年人参与广泛、评价较好的活动和项目,政府可以给予长期性的资金支持和政策扶持,以此形成良性互动。

从老年人个体层面讲,老年人要改变旧有观念,将视野从家庭的狭小空间中转出去,不断提高自我的社会意识和公共意识①,发挥自身在社会生活中不可替代的作用;基于全生命历程理论视角,将老年期视为人生宝贵时光的重要一段,不可随意忽视和浪费。应鼓励老年人树立“积极健康养老观”,积极参与到社会活动中去。在社会参与过程中,一方面可以延缓老年人的社会老化和生理老化,解决退休离职后带来的空虚寂寞问题,促进老年人的身心健康,提高老年期生命和生活质量,提升获得感和幸福感;另一方面,老年人转变对自身消极的角色定位,还可以发挥潜能和余热,减轻社会负担,为社会做出新的贡献。

(二)完善老年人参与志愿服务活动的政策供给,提升社会赋权水平

2015 年,世界卫生组织在关于老龄化与健康的全球报告中指出,有效提高

① 艾茹:《功能主义视角下的老年人社会参与状况研究——以北京市 Z 社区为例》,《北京科技大学学报(社会科学版)》2011 年第 2 期。

准健康老年人和低龄老年人的劳动参与率，是积极应对人口老龄化的重要举措。① 倡导身体健康的低龄老年人继续参与经济社会活动，通过提升劳动参与度，以多种形式对社会生产继续产生益处，不仅可改善老年人自身健康状况，还可延长其职业寿命。政府要在政策衔接和激励机制的制定方面下功夫，为老年人参与志愿服务搭建更多的平台，给予更多支持，使之制度化、常态化，更具可操作性。例如：调查中，有近半数的受访老年人热心于社区的社会治安、社区卫生和协助解决邻里纠纷等社区公共事务，这就提示我们在社区群众矛盾化解机制中，应将有社会威望的老年人纳入进去，发挥长者沉稳、睿智、有威信的正面作用，有效化解邻里矛盾纠纷。与此同时，培育老年人参与社区公共事务管理的文化氛围，良好的志愿参与文化、普遍的社会赞誉和社会认可是激励老年人参与社区公共事务管理的外部条件，政府要改变“全能政府”的形象，为老年人社会参与营造文化氛围，提供文化支撑，搭建“家门口”的社会参与平台。

天津市在老年人社会参与政策供给方面也出台了相关规定，取得了长足发展，例如《天津市实施〈中华人民共和国老年人权益保障法〉办法》第十八条规定：“各级人民政府应当对老年人和老年人组织依法兴办的为老年人低偿服务的经济实体，给予规范、支持和帮助。”在老龄化不断加剧的社会背景下，各级政府要未雨绸缪，做好有关老年人社会参与的政策创制和前瞻性规划，发掘现有社会资源，开辟更多的老年人社会参与渠道和途径，倡导全社会对老年人人力资源再开发的价值认同。在充分发挥老年人主动参与志愿服务活动积极性的同时，内化老年人新的社会角色，政策设计契合老年人口的新特征。在此基础上，通过老年人参与志愿服务的互动行为，构建一个社会网络支持系统。激励老年人自愿、量力参与的能动性，提升社会赋权水平。

（三）强化相关法律法规的配套工作，保障老年志愿者合法权益

老年人参与志愿服务活动需要有法治保障来支撑。目前我国面对老龄社

① 高瑗、原新：《老龄化背景下中老年人口的健康转变模式特征及其应对》，《河北学刊》2018 年第 3 期。

会的到来,老龄法律政策体系尚需健全,相关法律法规的配套工作进展相对缓慢,需要围绕老年志愿服务形成更为科学合理的制度安排。

一是相关领域政策、法规的配套工作。老年人作为参与经济社会发展的不可忽视的一部分,老年人参与志愿服务活动的立法还存在着某些空白,亟须相关领域法规的配套和实施细则的出台。如:《天津市志愿服务条例》第四十一条规定,有关部门应当制定措施,为有良好志愿服务记录的志愿者提供下列优待:城市公交、公共文化设施、体育场馆、旅游景点等场所,实行票价优惠。《中华人民共和国教育法》第四十二条规定:"国家鼓励学校及其他教育机构、社会组织采取措施,为公民接受终身教育创造条件。"但是,目前还未出台具体的实施细则和相关配套政策。

二是加强法律宣传和司法援助。《中华人民共和国老年人权益保障法》是保障老年人权益的基本法,也是保障老年人社会参与权的重要法律,但该法的原则性规定还需要相应的实施细则进行具体落实,需要细化法律责任,需要普及相关法律知识,加强有针对性的法律宣传。调查中发现,受访者对《中华人民共和国老年人权益保障法》知之甚少,可见该法的宣传普及工作还存在问题,各级政府要加大普法宣传力度和广度,结合"法律七进"活动,将"传统"与"现代"法治宣传手段有机结合,利用好重要的时间节点,积极推进《中华人民共和国老年人权益保障法》及配套法规的普法宣传教育规范化、常态化,帮助广大老年人学法、懂法、用法,提高守法意识和依法维权意识。① 与此同时,加强针对老年志愿者的司法援助,提供针对老年志愿者社会参与过程中遇到的实际问题的法律援助,耐心细致地及时受理协调老年志愿者提出的法律援助申请,为他们提供优质便捷的法律服务,切实保障老年人社会参与权的依法落实。

(四)发展社区老年志愿服务组织,构建劳动互换制度

为落实积极老龄化政策,鼓励和引导健康低龄老年人参与志愿服务活动,

① 丛梅:《合作与独立:"全运惠民,法治同行"视阈下法制宣传氛围营造》,《南方论丛》2017 年第 4 期。

辅助社区居家养老政策落地，将老年志愿者服务组织的建立和活动项目纳入社区网格化管理，以社区和跨区社会组织为平台，构建“社会、社区、家庭三位一体”的社会支持网络。建议在基础条件相对较好的社区，依托街道办、社区居委会或老年协会，组建社区老年人志愿服务组织，制定完备的志愿服务参与计划和服务项目，为有社区养老服务参与意愿的老年志愿者开辟参与渠道，搭建参与平台，发挥社区里热心公益的老年志愿者（尤其是低龄老人）的参与积极性，为创新城市社区管理，打造“我为人人、人人为我”互帮互助的社区居家养老模式奠定基础。例如：天津市和平区朝阳里社区老年志愿者，“阳光奶奶”吕文霞坚持定期走进校园向孩子们宣讲志愿精神，希望孩子们将新兴街志愿服务的精神传承下去。①

构建劳动互换制度，应首推“养老时间银行”的经验和做法。“养老时间银行”作为一种新型的互助养老服务，目的是鼓励低龄、健康的老年人积极参加养老服务，为高龄、失能、半失能的老年人提供服务，同时以储蓄时间的方式来记录自己的劳动，以便将来自己需要帮助时可以获取相应价值的服务。② 目前，我国“时间银行”有着特定内涵，其服务提供者主要是健康、低龄老年人，服务对象主要是高龄、失能和独居老人，组织目标定位为平等互惠基础上的互助养老志愿服务。

“时间银行”的做法得到北京、天津、南京、常州等地方政府部门的重视和积极回应，如：天津市朝阳里社区老年志愿服务项目、天津市劝业场街滨西社区的“爱心银行”、常州市锦阳花苑社区的“时间银行”志愿服务项目等。未来，随着“养老时间银行”运行机制的逐步完善，建议政府对“养老时间银行”组织的权利及义务、参与对象、服务内容、纠纷的处理程序等做出明确规定；依托互联网提供的技术保障，加强信息管理平台建设，以利于“时间银行”信息的长期共享，以及时间货币的通存通兑。

① 《“阳光奶奶”吕文霞：莫道桑榆晚 为霞尚满天》，北方网，2015 年 11 月 6 日访问，http://shequ.enorth.com.cn/system/2015/11/04/030609936.shtml。

② 全国老龄工作委员会办公室编：《第四次中国城乡老年人生活状况抽样调查数据开发课题研究报告汇编》（上），华龄出版社，2018，第 279 页。

(五)依托"志愿服务+互联网"平台,加强老年志愿服务信息库建设

我国"居家为基础,社区为依托,机构充分发展,医养相结合"的多层次养老服务体系是基于当前具体国情确定的。很显然,居家和社区是广大老年人最为主要的安养场所。如果将社区和居家有效结合,发挥各自的独特优势,特别是社区互助养老作为目前养老政策体系的有效补充,可以通过社区居家互助养老志愿服务,有效缓解社区居家养老资源不足所面临的多重问题。当前天津市人口老龄化、高龄化、空巢化叠加并行,发展老年志愿服务需聚焦城市社区高龄、空巢、独居、失能和半失能老人的养老问题。推进老年志愿服务,要秉持"政府主导、社区主办、社会参与、互助服务"的原则。此外,建议地方各级政府每年由财政划拨专款,对此项工作给予经费保障。

老龄社会适应数字社会,数字社会适应老年社会,充分利用"志愿服务+互联网"技术平台,建立社区居家养老志愿互助服务信息库,实行分类管理,依据有参与意愿老年志愿者的年龄、性别、专长、服务时间等具体情况,建立长效积分服务激励保障机制,为有需求的失能、半失能、空巢独居和80岁以上的居家养老老人,提供社区居家养老志愿服务和心灵关爱。

参考文献:

[1]中国人事科学研究院"我国老年人社会参与问题研究"课题组:《我国老年人社会参与问题研究报告》,载全国老龄工作委员会办公室编《第四次中国城乡老年人生活状况抽样调查数据开发课题研究报告汇编》(上),华龄出版社,2018。

[2]肖金明主编:《老年人社会参与政策与法律研究》,山东大学出版社,2015。

[3]丛梅:《新时期人口老龄化面临的新课题——以天津市为例》,《黑龙江社会科学》2018年第6期。

[4]仝利民编著:《老年社会工作》,华东理工大学出版社,2006。

[5]K. W. 夏埃、S. L. 威里斯著,乐国安等译:《成人发展与老龄化》,华东师范大学出版

社,2003。

[6]邬沧萍主编:《社会老年学》,中国人民大学出版社,1999。

[7]段世江、张辉:《老年人社会参与的概念和理论基础研究》,《河北大学成人教育学院学报》2008 年第 3 期。

[8]袁缉辉、张钟汝编著:《社会老年学教程》,复旦大学出版社,1992。

[9]韩青松:《老年社会参与的现状、问题及对策》,《南京人口管理干部学院学报》2007 年第 4 期。

实 践 篇

滨海新区志愿服务事业发展实践①

王小波　天津社会科学院社会学研究所副研究员
叶圣杰　中共天津市滨海新区委员会宣传部

摘　要： 近年来，天津市滨海新区将志愿服务与社会基层治理体系创新建设相结合、与文明城区和卫生城区工作相结合，并将志愿服务纳入全区经济和社会发展规划，取得了较好的成效。滨海新区设计开发“志愿滨海”App（应用程序）线上平台，开展“学雷锋志愿服务日”项目品牌活动，建立专业志愿服务队，建立学雷锋志愿服务站等，不断推动志愿服务的社会化、常态化。虽然滨海新区志愿服务整体工作框架已形成且日益完善，志愿服务事业取得了显著成绩，获得了极大发展，但同时面临着新任务和新挑战。为此，要进一步完善制度体系建设、规范可操作化制度、强化志愿参与法治化、提升志愿组织能力并加强对外联动等，从而推动滨海新区志愿服务事业持续发展，续写新篇章、创造新辉煌。

关键词： 滨海新区　志愿滨海 App（应用程序）　学雷锋志愿服务日

① 本文部分资料得到滨海新区精神文明建设委员会办公室的支持，特此感谢！

滨海新区贯彻落实习近平总书记对志愿服务工作的重要指示精神，努力建立健全志愿服务制度体系，深入推进志愿服务制度化、规范化、常态化，以“共同缔造美丽滨城”为中心，把志愿服务与基层治理体系创新建设相结合，与文明城区和卫生城区工作相结合，将志愿服务事业纳入全区经济和社会发展规划，在全区逐步形成“人人争当志愿者，人人志愿为滨城”的志愿服务氛围。

一　滨海新区志愿服务事业发展成效

（一）推动制度化建设，搭建服务与管理平台

我国志愿服务是由政府部署安排，搭建平台，培育激发老百姓的志愿服务精神，由政府到民间、自上而下不断推动的发展过程。在此方面，滨海新区志愿服务事业发展由政府推进的过程还是比较突出的。近年来，为推动《志愿服务条例》和《天津市志愿服务条例》的落实，滨海新区印发了《关于推进滨海新区志愿服务工作制度化三年（2018—2020年）工作安排》《滨海新区贯彻落实〈志愿服务条例〉和〈天津市志愿服务条例〉的工作方案》《关于进一步推动志愿服务常态化的通知》等系列文件，起草修订《滨海新区志愿服务工作协调小组及其办事机构工作规则》等，不断明确志愿服务工作内容与发展目标，明确政府各单位各部门责任分工，定期召开志愿服务工作专题会议，对全区志愿服务工作进行部署，并成立“滨海新区志愿服务协会”和“滨海新区社益会”，由新区文明办和民政局分别进行业务指导，对全区志愿服务资源进行统筹协调。

为方便志愿者和志愿服务组织，建设“志愿滨海”App（应用程序）线上平台。设计开发“志愿滨海”手机客户端，通过移动终端进行志愿活动的发布、招募，平台如实、实时记录志愿者、志愿服务组织服务过程，团队管理员可直接在“志愿滨海”线上操作志愿者“入、离、调、转”等关系转接工作，推动各类志愿服务资源的对接。后期“志愿滨海”在页面、宣传、活动、团队等各板块进行了进一步升级完善，开发设计了“志愿者榜单”“志愿团队榜单”和荣誉墙功能，

常态化进行典型宣传。在“志愿滨海”应用程序上开展了“百名优秀志愿者”专题报道，对100名历届优秀志愿者和五星志愿者进行专题采访、报道等。目前“志愿滨海”注册志愿者已经超过13万人，可同时容载8万名志愿者在线参加活动。“志愿滨海”线上平台已成为滨海新区志愿者参与志愿服务的必备工具，推动了滨海新区志愿服务的快速发展。

（二）打造品牌，建立阵地，推动常态化、社会化发展

近年来，滨海新区持续推动志愿服务事业发展，大力弘扬志愿精神，通过“党建引领、共同缔造”“人人争当志愿者”“学雷锋志愿服务日”等活动，积极发挥党员志愿者、机关干部志愿者的模范带头作用，引导广大市民群众广泛参与城市建设、专业服务、关爱行动、邻里互助等志愿服务，不断推动“志愿滨海”文化的形成。滨海新区在“志愿天津”共注册有45.38万名志愿者，注册志愿服务团队1600余支，志愿者人数占常住人口比例超过15%，社区志愿服务组织1753个，注册社会志愿服务组织49个，建立学雷锋志愿服务站一千余个。2021年全年共开展志愿服务活动20,951场次，参与志愿者超过45万人次，服务时长达162万小时。

滨海新区各类团队、组织、岗站常年开展常态化志愿服务项目。主要包括：

一是“学雷锋志愿服务日”项目品牌活动。滨海新区定于每个月的第二个周六在全区范围内统一开展“学雷锋志愿服务日”活动，每次发布活动超过500场次，报名志愿者超过4万人次。“学雷锋志愿服务日”成为滨海新区市民参与志愿活动的主要途径与平台，极大提升了志愿文化的凝聚力。

二是开展“文明劝导志愿服务”项目。2018年初，滨海新区开创了文明劝导志愿服务活动项目，进行文明行为引导、不文明行为劝阻，文明劝导志愿服务队常年固定在岗300名志愿者，统一配备马甲、帽子、口哨、上岗证等装备，全天候在全区六十多个重点点位开展志愿服务，截至目前，服务总时长超过30万小时，此活动提升了新区市民的文明意识，成为新区优秀志愿精神的培育基地。

三是开展“关爱行动”“文明祭扫”“五个一”等特色志愿服务活动。结合重要时间节点，充分利用专业志愿者、机关志愿者、社区志愿者力量，在全区广泛开展了“微心愿”“文明劝导”“文明交通”等特色志愿活动，累计开展志愿活动五千余场，志愿者参与超6万人次，累计时长超过10万小时。

四是开展“黎明出发・点亮万家”项目。“黎明出发・点亮万家”是由“时代楷模”“全国道德模范”张黎明同志一手建立的模范党员志愿服务项目，主要为辖区内老旧小区、无物业小区解决电力问题，免费安装、整修楼道灯，免费为群众解决家庭中的电路问题，赢得小区居民的认可和称赞。

五是开展“幸福归巢”关爱空巢老人项目。该项目以社区空巢老人为服务对象，针对空巢老人心理、身体、日常生活的实际需求，持续开展日常陪伴、家政服务、水电维修、衣物清洗、爱心理发、配餐代买、物资捐赠、法律咨询、健康查体一系列志愿服务活动。这一项目覆盖滨海新区90个村居社区，累计服务1000余户空巢老人（家庭），累计志愿服务时长1万余小时。

六是开展“文博小使者”项目。十余所学校、500名中小学生组成志愿服务队伍，围绕“我是小小讲解员”“历史文化进万家”“环境清整、秩序维护”等活动展开。该项目始于2015年，累计活动场次50余场，服务人数达20,000人。通过实施此项目，充分发挥和完善了滨海新区博物馆的青少年教育功能，增强了青少年服务社会的意识，为他们提供学习历史知识、提升综合素质、展示自我风采的平台。

七是按照“七有”标准，建立志愿服务阵地。滨海新区先后在社区、公共文化设施、景区景点、窗口单位等点位建立了一千多个学雷锋志愿服务站，建成滨海文化中心等覆盖社区、车站、广场、医院等多范围的“天津V站”17个，以及“雷锋书屋”“中建二局雷锋驿站”等4个雷锋驿站，实现了社区志愿服务站全覆盖，持续推动志愿服务的常态化发展。

（三）组织培训全员覆盖，大力提高专业化水平

滨海新区十分注重对志愿服务工作者及志愿者的组织培训，努力提升其专业化水平。滨海新区先后召开各年度志愿服务会议、各年度志愿服务培训

班和学雷锋志愿服务站专题会议,对全区志愿服务组织、村居、专业志愿服务队进行全覆盖培训。滨海新区将每年5月份定为志愿服务培训展示月,对全区志愿服务组织、志愿者、志愿服务工作者进行逐级、分层培训,并进行展示交流,提升志愿服务专业化水平。目前累计共开展区级志愿培训11场次,累计培训2000余人次,基本实现工作者、志愿服务组织培训全覆盖。培训中邀请高校社会基层治理方面的教授、全国优秀志愿服务先进典型等进行授课,针对志愿服务项目化、常态化发展进行专业培训,对以人带项目、以队带项目、以组织带项目、以社区带项目进行讨论交流,进一步提升各类志愿服务工作者项目化的理论基础。

(四)挖掘树立先进典型,弘扬宣传志愿文化

1. 定星级,评先进

根据服务内容、服务时长等,在"志愿滨海"应用程序上设计志愿服务星级评定系统,将注册的志愿者根据标准划分为五个星级,凡达到五星级的志愿者可以优先评选"优秀志愿者"。每年11月至12月开展区级先进典型评选和市、国家级先进典型推选,通过公众推荐、单位推荐等方式对年度优秀志愿者以及志愿服务项目、组织、社区等志愿服务先进典型进行推选,着重推荐方向正、影响大、群众认可的"最美、最佳"典型,进行网络投票、路演票选、网络公示,并在此基础上再进行市级、全国优秀志愿服务推选。2017年至今,累计已评选出"海河园社区""刘会成"等5个全国"四个一百"先进典型,"韩金玉""天津滨海助残志愿者协会"等82个天津市"六个一批"先进典型,"幸福归巢"关爱空巢老人项目等302个区级先进典型。另外,"生态城蓝天应急救援服务中心"和"一汽大众天津分公司青年突击队"还被河南省文明办评为"2021年防汛救灾优秀志愿服务组织"。

2. 对先进,多礼遇

按照《天津市滨海新区志愿者褒奖激励办法》,滨海新区每年为优秀志愿服务先进典型颁发证书、奖品,优先推荐评选区级道德模范,邀请优秀志愿者、组织代表全区志愿者参加"新春晚会""迎庆建党百年"等全区性活动,并为优

秀志愿者购买保险，用褒奖礼遇切实回馈、宣传先进典型。通过各种褒奖激励方式，让志愿者感受到社会回馈与社会认同，进一步激发志愿者参与志愿服务的动力，调动激发普通群众的主观能动性，让更多人愿意奉献、乐于奉献，投身到志愿服务中来。

3. 多媒体，广宣传

通过《滨城时报》、滨海广播电视台、区属各政务网站和电子显示屏、宣传橱窗、建筑围挡等社会宣传载体，广泛宣传“奉献、友爱、互助、进步”的志愿精神，宣传志愿服务中的先进典型，讲述身边的“雷锋故事”。大力宣传各开发区、街镇和各部门的志愿服务工作进展和成效，展示先进典型的时代风采和良好形象，扩大活动覆盖面和影响力。充分利用网络平台开展常态化典型宣传，创新方式开展网络专题采访报道。通过各种途径和方式宣传“有问题找志愿者、有时间做志愿者”口号，广泛培育、凝聚“滨城”志愿文化。

4. 新风尚，浓氛围

在每年 3 月 5 日学雷锋纪念日和 12 月 5 日国际志愿者日等时间节点，集中开展宣传活动，开设“身边雷锋故事”“先进典型展播”等专题宣传栏，策划“学雷锋志愿春季行动”“项目交流展示”“志愿集市”等活动，通过发出志愿感言、做奉献微事、展示交流、为文明点赞等方式，不断引导市民广泛参与志愿活动，营造浓厚的学习雷锋和志愿服务氛围。目前进行专题宣传“身边的雷锋”事迹超过 1000 次，通过典型示范、树立导向，志愿服务典型的挖掘、推选、宣传、褒奖激励等系列工作，滨海新区志愿服务氛围日渐浓厚，志愿服务理念家喻户晓、深入人心，志愿服务正在成为滨海新区新的社会风尚，逐步形成“人人争当志愿者 人人志愿为滨城”的社会氛围。

二　滨海新区志愿服务事业发展的新特征与新要求

近几年来，伴随新冠肺炎疫情的出现，尤其是疫情防控常态化以来，滨海新区志愿服务发生了新变化，出现了一些新情况、新问题，呈现了新特点、新契机。

(一)志愿精神广泛传播,志愿参与有待持续

自新冠肺炎疫情发生以来,抗疫、防疫成为志愿活动的重要战场,“大白”们与“红马甲”们的身影活跃在疫情防控的战线上,“志愿者”被民众广泛知晓,受到大家的尊敬。“志愿组织与志愿者在疫情中的一个重要贡献,就是通过对社区防护体系的建构,结成坚强的基层疫情治理阵线,保障了社区生活的安全运转。”①

由于组织疫情防控的需要,将以往分散零星、缺乏规范、短期不规律的志愿服务推向了更为严密有效的组织与动员,指令性也成为抗疫志愿服务的主要特征。很多志愿者是在医院、单位、社区组织下参与到志愿服务中来,最近两年新注册的志愿者大多具有显著的“疫情防控志愿者”的特征,即参与志愿服务热情较高,但同时志愿服务经历相对单一、对志愿服务的理解也较浅。如何使这些人在经历了疫情防控志愿活动后继续参与志愿服务,并逐步转变为自愿自发的专业志愿者,需要我们进一步深入研究。

(二)公益性志愿组织发展迅猛,跨区域志愿服务逐渐增多

近年来,滨海新区专门从事志愿服务的志愿者越来越多,专业志愿服务团队、组织快速增加,目前被市民政局认证的志愿服务标识社会组织达 49 个。越来越多的社会组织、企业参与政府公益创投项目,志愿服务专业化日趋成熟。由社会组织和企业发起的“雷锋驿站守护计划”“幸福归巢”等优秀志愿服务项目获得好评,志愿服务逐步向社区养老、群养家庭、银龄互助、救灾应急、城市治理等领域拓展,并影响着区域内各项公益事业的发展。同时,跨区域志愿服务交流逐渐增多,滨海新区外的志愿服务资源、需求与滨海新区内产生交集,越来越多的志愿者、志愿组织支援天津市其他 15 个区,甚至走出天津,去往其他省份进行志愿活动。2021 年河南发生洪水,滨海新区有五十多名志愿者、4 个志愿组织和团队参与救灾。这体现了新区志愿服务事业的发展,同时也向志愿服务提出了

① 张翼、陆士桢、赵定东等:《中国志愿服务事业发展笔谈》,《中国志愿服务研究》2020 年第 1 期。

更高的要求,迫切需要具有前瞻性的理论总结与指导。

(三)志愿服务发展快速,基层组织面临挑战

随着志愿服务事业不断发展,越来越多的志愿者加入志愿服务队伍,志愿者人员构成发生了很大变化,知识型、专业型、高素质的志愿者人数增多,他们有更多自己的想法和主见,更容易发现问题、提出意见。在村居社区组织志愿活动时,社区工作组织者有时会与志愿者发生意见分歧,甚至产生矛盾,社区组织者如不能很好处理,就会导致志愿服务无法正常进行。另外,有的活动组织者的协调能力、组织能力较差,组织大型志愿活动时,因组织不力,活动现场组织混乱、无序,引起市民对志愿服务的失望与不满,影响了志愿者的参与热情。此外,基层的监管能力较弱,无法对快速多样发展的志愿行为进行监督和指导。随着志愿精神深入人心、社会需求不断增多,越来越多的志愿者开始进行自组织,成立了各种各样的民间自发志愿服务队伍,这些人志愿服务热情高涨、活跃度高、凝聚力强、更贴近老百姓的实际生活需要,因此更容易得到居民的信赖和支持。如果能够得到适当监督指导,这些民间自发志愿服务队伍将会成为新区未来培养优秀志愿力量的基础与沃土,但是如果没有任何监管约束,也有可能被一些不良分子利用志愿服务之名,做有违志愿精神的事情。目前,基层组织(主要是村、居委会)对这些志愿服务队伍的监督能力较差,使这些草根志愿组织大多处于缺失监管状态,亟待改进加强。

滨海新区志愿服务事业快速发展进程中出现的一些新情况与新问题,本质上是滨海新区市民日益增长的志愿服务需求与志愿服务供给之间出现的不平衡现象,这也是今后志愿服务事业发展中亟待解决的问题。

三　滨海新区志愿服务的未来发展及建议

在《天津市国民经济和社会发展第十四个五年规划和二〇三五年远景目标》以及市第十二次党代会中都提出了天津要建设“津城”“滨城”双城发展格局,市第十二次党代会对打造“学雷锋志愿之城”也做出了明确要求。将“滨

城"建设成为生态、智慧、港产城融合的宜居宜业美丽滨海新城,提升经济实力、科技实力、文化软实力和综合竞争力,打造社会主义现代化建设先行区。近年来,滨海新区志愿服务模式发生了根本性转变,由之前单纯的"学雷锋做好事"、扶弱助残等向教育、科技、文化、卫生、治安、环保、养老等专业化领域转型,开始逐步发挥专业化高质量社会治理功能。为进一步推进滨海新区志愿服务快速发展,亟待做好以下工作。

第一,健全志愿服务体系。志愿服务体系是包含志愿精神、志愿行为、志愿人员、志愿组织、志愿资源等元素的综合体系。一方面,要在滨海新区层面制定更多支持和推动志愿服务发展的政策措施,引起各部门、各街镇的响应,健全各类志愿服务制度机制;另一方面,要积极总结来自社区基层的创新经验,从中提炼体制机制、政策制度的元素,在全区层面加以推广。

第二,完善志愿服务制度建设。近年来,滨海新区出台了一系列推动发展志愿服务的文件:《关于推进滨海新区志愿服务工作制度化三年工作安排》《滨海新区贯彻落实〈志愿服务条例〉和〈天津市志愿服务条例〉的工作方案》《关于进一步推动志愿服务常态化的通知》等,起草修订《滨海新区志愿服务工作协调小组及其办事机构工作规则》等,形成较为完善的制度体系。今后需要进一步制定更多细化、可操作的制度,如财政资金支持制度、志愿服务组织创新发展制度、志愿者回馈激励制度、志愿服务培训督导和反馈评估制度等,以推动志愿服务深入规范发展。

第三,强化志愿服务参与法治化。一系列中央政策文件为新时代志愿服务体系的法治化提供了依据。2014 年,中央文明委印发《关于推进志愿服务制度化的意见》,2016 年,中央文明办会同有关部门制定发布了《关于支持和发展志愿服务组织的意见》《关于公共文化设施开展学雷锋志愿服务的实施意见》。2017 年,国务院颁布《志愿服务条例》,规范和促进我国志愿服务事业发展。现代化的志愿服务是法治化的志愿服务,要根据滨海新区志愿服务工作发展实际情况,进一步加大对《志愿服务条例》宣传力度,持续落实落细《志愿服务条例》及相关政策文件,普及志愿服务行为规范,推动志愿服务规范化、法治化开展。

第四,提升志愿服务组织能力。通过专业化培育提升志愿服务品牌化、提升社会化水平；通过志愿服务的组织化健全志愿服务的工作机制和组织架构，提升志愿组织的自我管理能力，增强志愿组织的生机与活力，增进志愿组织的服务效能；通过加大志愿服务宣传，激发调动市民群众的参与热情；通过志愿服务的常态化加强志愿者与社区的联系，塑造志愿服务的良好社会氛围，形成全区广泛参与、各方面共同支持的志愿服务事业发展新格局。

第五，加强志愿服务"内外"联动。目前志愿服务的区域联合与跨区域联合渐成趋势。因此要健全志愿服务体系的"内外联动"，解放思想、开放合作，通过"走出去、请进来"，学习借鉴其他省市、天津市其他区的志愿服务优秀经验，结合本区实际进行改造和扬弃，丰富志愿服务的内涵。在不断与其他地区的交流合作中，学习探索志愿服务体系建设和机制创新，获得更先进的理念、更灵活的机制、更有效的方法、更广泛的资源，为滨海新区志愿服务体系建设打下更为牢固坚实的基础。

参考文献：

[1]良警宇主编：《中国文化志愿服务发展报告(2018)》，社会科学文献出版社，2018。

[2]涂敏霞、陈建霖、沈杰主编：《广州志愿服务组织发展报告(2018)》，社会科学文献出版社，2018。

[3]谭建光：《"十四五"时期中国志愿服务发展的十大趋势》，《青年探索》2021 年第 1 期。

[4]谭建光：《健全志愿服务体系的方法与路径》，《中国社会工作》2019 年第 34 期。

和平区志愿服务事业发展实践[①]

田絮崖　天津社会科学院社会学研究所助理研究员

摘　要： 自1988年，和平区新兴街朝阳里13名志愿者组成为民服务小组，帮助13户困难家庭以来，经过三十余年的发展，和平区社区志愿服务已落地生根，志愿精神和志愿文化成为社区和城市文明建设发展的重要助力。三十多年来，和平区在积极摸索经验的基础上，逐步将实践上升到理论，同时总结出可供复制和推广的社区志愿服务模板，不仅为天津市社区志愿服务发展提供了参考依据，也为全国社区志愿服务推广提供了有益的参考蓝本；其发展模式不仅具有鲜明的和平特色，更具有中国特色，是社区志愿服务本土化探索和实践的典型案例之一。本报告总结了和平区社区志愿服务发展模式的主要经验，梳理了和平区社区志愿服务在未来持续深入发展所面临的挑战，并提出了相关对策建议。

关键词： 和平区　社区志愿服务　社区志愿组织　全域志愿服务

一　和平区社区志愿服务发展主要经验

和平区社区志愿服务历经三十余年的探索实践，形成了特色鲜明的本土志愿服务发展模式。本报告基于和平区志愿服务的组织和实践，特别是党的

①　本文部分资料得到和平区精神文明建设委员会办公室的支持，特此感谢！

十九大以来的和平区社区志愿服务发展实际，对和平区社区志愿服务发展的主要经验进行总结，以期为天津市其他各区社区志愿服务发展提供参考，也为全国其他地区城市社区志愿服务的推进提供有益的参考蓝本。

（一）以“红色文化”浸润“志愿精神”——构建“党建＋社区志愿”协同发展机制

和平区社区志愿服务的开展始终将红色文化和红色精神浸润到志愿服务实践中。进入新时代，在习近平新时代中国特色社会主义思想的指引下，和平区着力将党建事业发展和社区志愿服务发展有机结合，以党建引领社区志愿，以社区志愿创新党建发展。一方面，从领导和组织架构上看，2019 年 3 月，民政部在和平区设立“贯彻落实习近平总书记关于志愿服务重要指示工作联系点”，尝试打造社区志愿服务全国样板。① 和平区坚持党委政府领导，建立了从中央文明委到市文明委、区文明委、区各级部门，再到部门专岗的垂直志愿服务组织体系②，在全区各部门和街道办事处，以及团区委、区妇联、区红十字会等群团组织和社会组织中，建立起志愿服务专岗，将志愿服务纳入各部门职能和工作范畴，形成了组织严密的“党建＋社区志愿”服务网络。另一方面，从社区志愿组织建设上看，以和平区新兴街朝阳里为例，社区党委“将党支部建在网格上”“将党小组建在楼门内”，以“党员中心户”为骨干，带领楼门志愿者参与社区志愿服务活动，将红色文化和红色精神传递到楼门和群众中，以此助推党组织工作。2019 年至 2022 年，朝阳里社区已经将党建工作贯穿到社区各项工作当中，同时还通过引入共建单位志愿服务团队参与志愿服务，形成了社区志愿资源和党建发展优势互补的整体格局，为社区居民提供高质量、专业化志愿服务。

① 《民政部在天津市和平区设立志愿服务工作联系点》，中国文明网，2019 年 3 月 19 日访问，http://www.wenming.cn/zyfw/bmfc/201903/t20190319_5043462.shtml。

② 《天津和平区全域志愿服务模式研究》，中国日报网，2020 年 8 月 11 日访问，https://caijing.chinadaily.com.cn/a/202008/11/WS5f326796a310a859d09dd32f.html。

(二)"从群众中来,到群众中去"——老中青志愿者合力助推志愿服务发展

和平区社区志愿服务的第二项经验即注重对志愿服务群众基础的培育,这主要体现在志愿者队伍的来源上。志愿者是社区志愿服务持久发展的动力源泉,和平区社区志愿者中不仅包括退休人士,也包括众多青年志愿者;不仅包括党员志愿者,广大群众志愿者也参与其中。和平区总体上践行"从群众中来,到群众中去"的路线,以群众的合力推动志愿事业发展。

首先,在青年志愿者参与方面,自2002年起,和平区团委将每年3月5日定为青年志愿者启动日,并开始广泛招募青年志愿者。① 在抗击新冠肺炎疫情的过程当中,青年志愿者不仅广泛参与到疫情防控的各个环节,包括青年志愿者在内的社会各界爱心青年还积极募捐消毒液、防护服、医用口罩等物资,同时募集款项等,展现出巨大的行动力。2022年,和平团区委组织市级"青年文明号"集体,开展集中服务月活动,其中,和平区公证处青年公证人员、区人民法院民事审判第二庭青年干警、区中医医院团员青年、区消防救援支队劝业场消防救援站的青年消防员等均积极参与其中,他们将自身专业与志愿服务相结合,为群众提供实在可用的服务。②

其次,在退休党员志愿者参与方面,以朝阳里社区为例,社区党委在党员中积极开展"认岗、认亲、认难题"活动,党员认岗率已达70%,建立"一帮一"的帮扶对子七十余对。例如,年近古稀的社区党员王书凤,从2014年起同一位空巢老人结了对子,主要帮着购买蔬菜和日用品。③

最后,在在职党员参与方面,和平区委先后制定印发《关于在全区党员中

① 天津市和平区文明办编著:《志愿和平——新时代全域志愿服务发展模式研究》,人民出版社,2020,第141页。

② 《团天津和平区委组织开展集中服务月活动》,中国青年网,2022年4月26日访问,https://qnzz.youth.cn/qckc/202204/t20220426_13645349.htm。

③ 《开启志愿服务的"多米诺效应"——记天津和平区朝阳里社区党委》,人民网,2017年9月20日访问,http://dangjian.people.com.cn/n1/2017/0920/c117092-29547452.html。

深入开展志愿服务活动的通知》《关于全区党政机关、企事业单位在职党员到社区报到开展志愿服务的意见》《关于在职党员到社区报到开展志愿服务的通知》等文件，将在职党员参与志愿服务进行制度化落实，不仅机关在职党员全部注册为志愿者，还持续开展"万民党员进社区"等活动，实际解决群众问题。此外，和平区还结合在职党员业务知识、专业特长、服务时间、可提供的资源等情况，将服务项目派给服务团组或党员个人，形成在职党员"任务清单"和"服务清单"对接模式①，力求服务精准化。

（三）双轨并行，多方联动——"自下而上"和"自上而下"打造社会化志愿服务融合发展新模式

和平区社区志愿服务的第三项经验来自"自下而上"的社会化志愿服务参与模式与"自上而下"的政府引导志愿事业发展模式之间的良好配合，进而搭建起双轨并行、多方联动的志愿服务格局。和平区社区志愿服务源自民间，之后又纳入城市文明建设的总体框架中，在不断的实践中，发展出由"民间团体与公益组织、社会企业等和区志愿者服务协会紧密配合"的成功经验。一是建立起由"区—街道—社区"三级社区志愿服务者协会组织的完善架构。2005年，和平区社区服务志愿者协会依法成立，同时在区级、各街道、社区居委会设立三个级别的社区服务志愿者协会分会。截至2022年末，全区6个街道、64个社区共成立了71个三级志愿者协会，累计注册志愿者12.04万人，志愿服务团队697个，形成覆盖全区的社区志愿者组织网络。② 二是积极促进公益组织孵化，着力培育社会团体。迄今为止，和平区社会组织孵化中心已经成功孵化了蓝天救援队、霞霞公益组织、同行公益工作坊、"三关爱"工作室、良友心灵驿站等优秀的志愿服务组织，围绕"扶老、助残、救孤、济困"等群众关心的服务需求精准开展公益创投项目216个，举办2019年度公益创投大赛，在各街道持续打造1至2个经典品牌项目，积极促进专业社会组织融入社区志愿服务。

① 天津市和平区文明办编著：《志愿和平——新时代全域志愿服务发展模式研究》，人民出版社，2020，第128—129页。

② 付梵：《天津和平区：努力打造志愿服务新高地》，《中国民政》2022年第4期。

三是在社会团体、公益组织和社区志愿者协会之间形成了紧密合作的良性互动关系。例如,在阶段性疫情防控期间,和平区志愿者协会协调和平绿邻居社会服务中心、和平区社区公益基金会等公益社会组织,为志愿者送去防护服、酒精手套、自发热快餐、暖身贴等。①

(四)用脚"走"出经验——坚持实事求是,践行群众路线,对接群众需求

和平区社区志愿服务发展的第四项经验在于坚持马克思主义的根本观点,坚持实事求是的精神,以广泛深入的调查研究,收集第一手信息,确保志愿服务精准对接群众需求。以习近平同志为核心的党中央高度重视调查研究工作,习近平总书记指出:"调查研究是谋事之基、成事之道。没有调查,就没有发言权,更没有决策权。"②和平区始终重视在开展志愿服务中的调查研究工作,基于调查获取更为准确的信息,有利于对接群众需要,解决群众的实际难题,实现志愿服务和群众需求的精准对接。自 1988 年和平区首次开展社区志愿服务以来,便坚持每年开展"万户居民需求问卷调查"服务,通过全面而深入的调查研究,力求使项目规划更具目标导向,使志愿服务更贴近群众。2018 年,和平区开展"万户居民需求问卷调查",共面向全区 6 个街道办事处,64 个社区,发放问卷 1 万份,回收率达 100%,实现了居民需求调查全覆盖。2019 年,习近平总书记视察和平区新兴街朝阳里时指出:"社区工作是具体的,要坚持以人民为中心,摸准居民群众各种需求,及时为社区居民提供精准化精细化服务。"2022 年,朝阳里社区工作者们集体行动,利用 5 天时间,完成社区常住居民全覆盖式调查,回收问卷 2197 份,收集涉及邻里守望和空巢爱心帮扶等

① 《和平区社区服务志愿者协会发动志愿者服务全区大筛 齐心抗疫》,天津社会组织公共服务平台,2022 年 1 月 21 日访问,http://mz.tj.gov.cn/TJSHZZGGFWPT8299/SY5882/GQDT307/202201/t20220121_5785131.html。

② 《习近平谈科学的思想方法和工作方法》,中国共产党新闻网,2014 年 8 月 27 日访问,http://cpc.people.com.cn/n/2014/0827/c164113-25550679-2.html。

方面的10大类44项473条具体需求。[①] 基于用脚“走”出来的经验，通过调查研究获取群众需求，和平区将志愿服务作为社区治理和城市发展的实践路径，推动社区志愿服务和文明建设持久有序发展。

（五）数字赋能，科技志愿——推进信息平台专业化建设，推动志愿服务高质量发展

和平区社区志愿服务发展始终注重平台建设，在专业认证、科学管理和综合运用多种技术手段基础上，提升志愿服务品质和效率。

一是在志愿者专业认证上，和平区较早启动了志愿者专业认证服务，如今认证方式已经由线下认证为主，转换为线上和线下认证相结合。2006年，和平区开通全国第一家社区志愿服务网站，通过线上平台实施志愿服务的对接。2013年，和平区广泛开展志愿者网上注册，为有意愿、能胜任的志愿者登记注册，提供实名认证等服务。2019年，着力推进“志愿和平”网络服务平台建设，开通“志愿和平”应用程序，为志愿者的注册认证、管理、培训、交流、考核等提供服务。截至2019年11月，和平区注册志愿者已达到115,830人，占和平区常住人口的33.03%，实名认证志愿者112,509人。

二是在志愿服务项目科学管理方面。一方面，和平区大力推进志愿服务品牌项目建设，和平区以空巢老人、流动花朵（留守儿童）、困难职工、残疾人等弱势群体和困难群众实际需求为重点，规划设计有针对性的志愿服务项目，打造出“心目影院”“爱洒回家路”“爱心助空巢”“关爱农民工”“关爱‘老雷锋’”“关爱‘流动花朵’”“生命屋子”“最美的风景”等一系列品牌志愿服务项目；另一方面，和平区持续建立完善项目管理、项目宣传、资金使用、考核评估等工作制度，结合调研实际，开发特色项目和重点项目，形成更符合群众需求的项目。

① 《天津市和平区新兴街朝阳里社区：“朝阳”暖民心，“玫瑰”发新芽》，中国妇女网，2021年10月10日访问，http://www.cnwomen.com.cn/2021/10/10/wap_99233404.html。

(六)“嵌入式”志愿发展实践——以志愿服务创新社区治理,以社区治理推进志愿服务

和平区社区志愿服务将志愿服务和社区治理紧密结合,以志愿服务创新社区治理,以社区治理深化志愿服务。一是致力于完善顶层设计,实现志愿服务和社区治理深度融合。2014 年 1 月,和平区被民政部确认为全国社区治理和服务创新实验区。2017 年,和平区成为天津市首个通过民政部验收的全国社区治理和服务创新实验区。2018 年,和平区在居委会成员中增设一名专职负责社会组织、志愿服务组织工作的社团委员,从组织层面对社区治理工作进行了落实。2019 年初,和平区相继发布《和平区社团委员工作职责》《和平区民政局关于加强社团委员教育培训的实施方案》,以及《2019 年和平区社团委员培训计划》,从制度层面将志愿服务和社区治理进一步融合。二是以志愿服务推动区域化社会治理创新。和平区积极探索将志愿服务和党建引领基层治理工作机制相结合,在基层治理工作中,形成由区委、街道党工委、社区党委、网格党支部、网格党小组组成的“五级联动”工作机制,以及由组织网、共建网、社区治理网、社会治理网“四网协同”的工作体系。同时,围绕全国文明城区、国家卫生区等国字号创建工作及《天津市文明行为促进条例》,设立文明交通、文明旅游、文明上网、文明祭扫、文明服务 5 大类志愿服务项目;南市街庆有西里社区发动社区志愿者开展特色楼门文化创建活动,形成“志愿奉献”“团结互助”“白净亮美”等 39 个特色楼门,创新居民自治组织管理形式,推动区域化社会治理创新探索。三是将志愿服务融入日常生活,解决社会问题。和平区面向社会招募 200 名志愿者,组建和平区文明志愿监督团,针对公厕卫生、市容环境、窗口服务、公共秩序等问题开展专题监督,利用“随手拍”“啄木鸟”“即时办”平台,将发现问题的信息与“创文问题”微信群共享。发动全区 1.5 万名平安志愿者开展重点部位巡控、矛盾纠纷化解、源头预防违法犯罪等志愿服务活动,维护社会稳定。同时,持续开展“和平夜话”活动,超过 7000 名党员志愿者参与其中,深入群众 5.9 万次,为老百姓解决难题 1 万余个。

（七）“小点子、大格局”——实践“社区志愿”和“特色志愿”服务双发展，构建优质志愿项目网络

和平区将社区志愿服务同各社区、各街道的特色志愿服务相结合，构建起资源共享的优质项目网络。目前，和平区各街道、各社区，以及各社团组织开展特色志愿服务项目大致有三种路径：一是同自身专业知识相结合，典型案例如天津青年职业学院的志愿者，在团委组织下为社区工作者提供社区管理与服务专业知识培训。二是与部门的职能职责相结合，如区残联多年来坚持“残健结合”“志愿互助”的理念，在加强助残服务网络建设、壮大助残服务队伍、拓展助残服务项目等方面积极探索。又如区红十字会围绕“三救三献”核心业务，积极拓展志愿服务主渠道，立足自身所能，主动对接社会需求。[①] 三是与各街道创造性志愿服务发展理念相结合，形成特色志愿服务项目，如在社区志愿服务协会的统一协调下，将区级志愿服务项目和街道社区的特色志愿服务项目相结合，形成了包括南市街的楼内“一门式”服务为残疾人圆梦，小白楼街的“社区社会组织引领社区建设”，五大道街的“法律进社区”，南营门街的“圆梦帮帮团”，以及劝业场街的“爱心银行”等各具特色的街道志愿服务项目和案例。

（八）“新时代、新理念”——打造全域志愿服务发展体系，构建全民志愿服务发展模式

和平区志愿服务致力于探索“全域志愿服务”新模式，将源自民间的志愿服务实践从微观上升到宏观，从实践上升到理论，从经验上升到模式，将志愿服务提升为全员参与、全域覆盖、全时服务、全效提升的全域志愿服务体系。2019 年 2 月，和平区出台《关于强化新时代全域志愿服务，打造“志愿和平”的实施意见》，编写《新时代和平全域志愿服务发展模式研究》，将打造全域志愿服务新模式制度化、规范化。2019 年 3 月，和平区举办“牢记嘱托志愿同行，青

① 天津市和平区文明办编著：《志愿和平——新时代全域志愿服务发展模式研究》，人民出版社，2020，第 145—146 页。

春奉献共促发展”活动,启动全域旅游青年志愿服务共建项目,以现实行动实践全域志愿服务新理念。2020 年,和平区编辑出版《志愿和平——新时代全域志愿服务发展模式研究》一书,对探索全域志愿服务模式做了深刻解读。研究认为,全域志愿服务发展模式是全部门联动、全领域覆盖、全行业参与的全民志愿服务发展局面,是理念全域融合、资源全域整合、机制全域构建、社会全域参与、供需全域配套、结构全域优化、服务全域提升、文化全域协同的志愿服务创新模式。① “全域志愿服务”的具体路径是通过将志愿服务与和平区的整体发展战略融合,构建全联动组织协调机制,搭建全领域覆盖的线上线下服务网络,动员多领域参与主体,促进志愿项目品牌化发展,将新时代文明实践与志愿服务深入融合,塑造全民参与的志愿服务文化,实践全行业共同参与的全民志愿服务发展模式。

(九)从“社区志愿”到“文明城市”——融合新时代文明志愿实践,打造新时代文明城市名片

和平区积极推动社区志愿服务接轨新时代文明志愿实践,实现志愿服务和新时代文明实践融合发展,打造文明城市名片。一是加强制度和阵地建设。和平区先后制定出台《和平区关于开展新时代文明实践志愿服务活动的实施方案》《和平区关于广泛招募新时代文明实践志愿服务力量的通知》,建成覆盖全区 64 个社区、10 个公共文化设施、7 个公园景区、89 个窗口单位的新时代文明实践志愿服务岗站,建成 15 个“天津 V 站”,形成一批邮政文明驿站、联通爱心驿站等有特色的、广覆盖、多领域、全行业的实践窗口和服务阵地。二是坚持群众导向,积极开展新时代文明志愿实践服务。和平区确立每年 1 月 17 日为“和平区新时代文明实践志愿服务日”,于当天组织全区性志愿服务活动 169 场次,超 7000 名志愿者参与,落成和平区新时代文明实践主题公园,建设 6 个新时代文明实践试点社区,打造新时代文明实践的“和平样本”。与此同时,广泛发动社会力量积极参与,推动爱心人士、行业协会、社会组织紧密联

① 天津市和平区文明办编著:《志愿和平——新时代全域志愿服务发展模式研究》,人民出版社,2020,第 244—252 页。

系、形成合力,增强新时代文明实践志愿服务综合效益、整体效能。三是依托社会资源,建立新时代文明实践志愿服务“专家人才库、项目资源库、特色品牌库”。与高校联合探索建立“新时代文明实践志愿服务培训基地”,构建专家咨询机制,建立专家人才库,强化新时代文明实践志愿服务的理论成果转化。

(十)从“小家庭”到“大社会”——传播志愿文化,传承志愿精神

和平区社区志愿服务发源于民间,这使得志愿精神的传承具有良好的社会基础。多年来,和平区志愿精神不仅在社会广泛传播,也在家庭中传递。一方面,在和平区,无论是志愿者,还是从志愿服务中得到过帮助的群众,都乐于传播志愿精神,不仅如此,他们还将志愿精神作为家风加以传承。例如,朝阳里社区居民刘爱珍,曾经在社区“扶危济困基金”项目资助下渡过难关,儿子大学的学费因此有了着落。儿子大学毕业回到天津工作,也加入了社区志愿者行列,刘爱珍也尽自己所能为突患腿疾的一位独居老人代买药品,以实际行动为和平区社区志愿服务事业发展注入活力。[①] 又如,1988 年初,首个为民服务小组发起人之一黄秀珍女士,她的丈夫张福臣荣获天津市终身志愿者、和平区志愿者荣誉标兵等称号[②],形成了家庭志愿的氛围。另一方面,和平区也在全社会大力推广志愿精神,传播志愿文化。目前,和平区有近三百个文化社团、八千余名文化志愿者活跃在社区,扩大志愿服务影响力。和平区创办《和平文化服务专报》、和平志愿者网页、《和平志愿者》杂志、和平志愿者 QQ 群等媒体阵地,先后制作《志愿服务 薪火相传》《以人民为中心的凯歌——和平区社区志愿服务 30 年专题片》等反映志愿服务发展历程的视频短片;编辑《奉献之歌——和平区志愿服务三十年汇编》《我是朝阳志愿者》等书籍;编排《朝阳里的那些人那些事》《大路朝阳》《和平人,幸福事》等反映志愿服务历史及特色

① 《天津市和平区新兴街朝阳里社区:“朝阳”暖民心,“玫瑰”发新芽》,中国妇女网,2021 年 10 月 10 日访问,http://www. cnwomen. com. cn/2021/10/10/wap_99233404. html。

② 《天津和平区志愿服务队:志愿服务路 一走三十年》,中国文明网,2018 年 10 月 25 日访问,http://www. wenming. cn/zyfw/rd/201810/t20181025_4872690. shtml。天津市和平区文明办编著:《志愿和平——新时代全域志愿服务发展模式研究》,人民出版社,2020,第 29、429 页。

的文艺节目；推进《和平志愿者》杂志改革创新，同时利用和平有线台、社区和大型商业场所 LED 电子显示屏、社区宣传栏等各种宣传媒介，传播志愿文化，弘扬志愿精神。

二 和平区社区志愿服务发展面临的挑战

和平区社区志愿服务历经三十余年的实践发展，取得较为明显的成效，形成了相对成功的发展模式。然而，和平区社区志愿服务要在现有发展基础上实现突破，仍然面临一些挑战。

（一）社区志愿服务精准化组织和服务水平全领域覆盖有待提升

社区志愿服务需要精准化的组织和协调过程，在和平区社区志愿服务发展过程中，尽管已经建成了"区—社区—街道"三级志愿服务发展协会网络，然而，各个层级的协会和社区志愿服务组织在职责的精准化分工和服务项目全领域覆盖上，与发展较为成熟的社区志愿服务组织相比，仍然有一定差距。例如加拿大的社区志愿服务组织，在志愿服务中不仅实现了全覆盖，且实现了较为精准化的服务，不同的平台和组织，依托各自专业分工和职能，从生活、安全、医疗、社区公平、文化艺术各个方面，为社会提供精准服务。①

（二）各级社区志愿服务组织调动社会资源能力有待加强

目前，和平区志愿服务协会已经在孵化公益组织等方面给予较大支持，各级社区志愿服务组织与公益社团、企业等社会团体之间建立起一定的合作关系，然而各级协会和组织在广泛调动社会资源，寻求更为深入的合作能力方面，仍然需要加强。除了各级志愿服务协会以外，各个类型的公益团体、各个行业的企业组织、商会和行业协会，以及高等院校等企业组织，都具有能够参

① 鞠静：《加拿大社区志愿服务管理模式研究》，《山西大同大学学报（社会科学版）》，2020 年第 5 期。

与志愿服务事业发展的丰富资源,因此如何与不同类型的社会团体展开更为专业化且有针对性的合作,以及更为广泛地调动社会组织参与志愿服务的能动性,需要更为系统的资源统筹。

(三)志愿者动机诉求与志愿服务项目匹配度有待提升

志愿服务事业长效发展的重要动力之一是志愿者对于志愿服务的主观参与度和积极性,志愿者的动机和诉求与志愿服务项目的良好匹配能够在很大程度上提升志愿者参与志愿服务的主观能动性,为志愿服务事业发展带来较大的潜力。和平区社区志愿服务目前已经形成了较为完善的项目运作机制,也打造出一系列优质的品牌项目,同时经过系统培训,志愿者的专业能力也有了极大的提升,然而在项目与志愿者专业能力和动机诉求匹配方面,在完善志愿服务激励机制方面,仍然需要加强。部分志愿者无法充分发挥自己的专业和优势,在一定程度上造成了人力资源浪费;而提升志愿服务项目和志愿者专业能力匹配程度,则有利于满足志愿者参与志愿服务的动机和诉求,提升志愿者志愿服务的满足感,从而使社会资源得到最大程度的有效利用。

(四)数字化资源平台整合和建设能力有待进一步提升

和平区社区志愿服务努力打造平台,目前已有网络渠道和多个资源共享及信息传播渠道,然而在完善志愿服务项目平台建设方面,尤其是项目的数字化平台统筹建设和项目资源社会共享,提升资源平台的整合能力上,仍然需要进一步提升。例如一些有热情参与志愿活动的群众,在寻找符合兴趣的志愿项目资源时,渠道仍然不够通畅,尤其是对于青年而言,他们仍然倾向于通过数字网络平台寻找资源。因此,项目和资源平台的完善,优质项目的共享,能够促使志愿项目与适合的志愿者快速匹配,为志愿服务事业注入源源不断的发展动力。

(五)社区志愿服务资金来源多样化渠道有待拓展

在和平区社区志愿服务各组织中,包括在各街道和社区注册的志愿服务组织和一些品牌志愿服务项目,以及入驻孵化中心的民间志愿服务组织,已有政府资金支持,然而志愿服务的资金渠道来源单一,仍然以政府财政资金为主。迄今为止,发动社会捐赠,包括企业和公益捐赠的情形不多。与此同时,也有众多未入驻孵化中心的民间志愿服务组织主要依靠自筹资金运作,尚未开拓出更为广泛的资金募集渠道。总体来看,志愿服务资金筹集渠道和来源有待拓展。

(六)社区志愿服务品牌和有效经验宣传推广力度不大

作为全国第一个社区志愿服务组织的诞生地,和平区社区志愿服务历经三十余年的建设和发展,其经验无论是对于天津市其他各区发展,还是对于全国其他城市社区志愿服务发展,都具有较强的可借鉴性。然而,和平区社区志愿服务作为社区志愿服务的品牌建设有待进一步加强,和平区社区志愿服务作为整体性品牌的推广力度不够,对于成功经验的宣传推广程度不够,在如何利用志愿文化打造天津城市名片上,需要进一步发掘其应有的价值。

三　和平区社区志愿服务持续深入发展的对策建议

在和平区全域志愿服务体系构建理念的指导下,下面从社区志愿服务平台和组织精准化建设能力、社区志愿服务协会与公益社团等民间组织的长期互利合作、加强志愿者诉求和志愿服务匹配度、数字化平台资源整合能力和社区志愿服务社会吸引力、探索多渠道社区志愿服务资金来源,以及探索形成可推广的社区志愿服务发展模式,对和平区志愿服务战略发展提出相应的对策建议。

(一)推动社区志愿服务制度化常态化精准化建设,实现志愿服务全领域覆盖

一方面,加强自上而下的组织规划和设计,积极推动社区志愿服务制度化、常态化、精准化建设,同政府部门的具体职能职责深入结合,依据政府相关

部门的职能和可供服务的领域,规划设计符合群众需求且有较强可操作性,以及能够提供精准化服务的志愿项目。另一方面,各级社区志愿服务协会和组织,以及政府各部门应予以相互配合,全方位打造贯通教育、医疗、文化、交通、法治建设等领域的志愿服务组织体系,完善并拓展志愿服务种类,创新志愿服务的形式和内容,力求实现志愿服务项目精准化对接和全领域覆盖。

(二)社区志愿服务协会与民间组织共享共建,助推社区志愿服务事业全方位发展

一方面,民政部门持续推动公益团体的孵化和培育,鼓励民间公益团体发展,合力助力社区志愿服务事业发展。对于已经注册的公益类团体进行规范管理,建立公益团体发展的资源库和人才库,对于尚未注册的民间公益组织予以挖掘,鼓励更多公益组织和社会团体注册登记。另一方面,建议由各区、各街道、各社区、各楼院互助小组,以及各家庭互助不同层级的社区志愿者协会,对辖区内的公益组织、社会团体、企业等进行充分调研和深入分析,发掘特色志愿服务公益团体或特色志愿服务项目,建立合作平台,广泛吸收不同类型组织的发展经验,持续挖掘不同类型的服务项目,创新志愿服务项目类型。

(三)常态化、精准化建立志愿者与志愿服务项目双向诉求满足和激励机制

一是持续落实《和平区志愿服务项目志愿者服务时间积分兑换工作方案(试行)》《和平区志愿者协会志愿服务项目积分兑换管理办法》,完善志愿者积分兑换工作机制,在志愿者群体,尤其是青年志愿者群体中,广泛推广志愿服务“储蓄”和“时间银行”等激励制度,持续探索建立优秀青年志愿者在就业创业、社会保障、文化生活等方面有益的激励措施,提高志愿服务项目的吸引力。二是加强志愿者信息平台建设,提升志愿者信息管理水平,对掌握各项专业知识的志愿者进行信息整合,提高志愿服务项目和志愿者专业能力的匹配程度。三是对志愿者和志愿服务组织的需求进行深入调查,从而在项目设计规划等环节,将志愿者和志愿组织的专业能力和诉求考虑其中,提供精准匹配的服务项目,提高志愿者参与志愿活动的积极性。

(四)提升数字化平台资源整合能力,提高志愿服务社会影响力

一是推进志愿服务数字化平台建设,打造共享的社区志愿服务资源信息库。依托天津文明网、天津志愿者服务网,以及全国其他志愿服务数字网络平台,完善社区志愿服务网建设,在数字平台中实现志愿者登记注册信息、志愿项目共享等信息的完善,实现群众和志愿项目的实时有效对接,方便群众查看、寻找感兴趣的志愿服务项目。二是各级社区志愿者协会利用数字化平台建设,统筹完善志愿项目资源,实现社区志愿服务项目和公益团体项目资源的整合共享。将和平区志愿服务孵化中心各团体,以及登记在册的民间志愿组织的数字信息资源予以整合,从信息上实现联通,便于群众查找合适的志愿服务项目,以此拓展志愿项目宣传渠道和志愿者来源渠道。

(五)探索志愿服务资金多渠道来源,建立有效资金监管体系

一是完善志愿服务资金保障机制。目前和平区已制定志愿服务保险保障计划,为志愿者购买保险,下一步建议从制度层面对志愿服务财政资金支持保障政策予以落实,为社区志愿服务发展建立多种类型的专项资金,用以保障志愿服务事业长期发展,形成可持续的发展保障。二是广泛动员包括企业、商会、行业协会等在内的社会力量,探索多元化的资金募集渠道。各级志愿者协会和公益团体等,应当进一步加强对志愿服务项目的设计规划,对品牌项目进行持续推广,吸引更多的社会主体参与其中,有助于拓展多元化的资金募集渠道。三是从制度层面建立健全志愿服务资金的募集、监管和使用流程,不仅建立志愿项目资金筹集平台,同时建立完善的资金监管和使用制度,促使企业捐助和社会捐助等进入良性运行轨道。

(六)加强志愿服务经验推广,讲好和平故事,传承志愿文化

一是加强和平区与其他各区和外省市的合作交流,加强社区志愿服务品牌的建设和推广。和平区社区志愿服务不仅是天津志愿服务的名片,还是全

国社区志愿服务的典型案例,应当进一步将和平经验作为天津经验和全国经验予以推广,为全国社区志愿服务事业的发展和创新提供思路。二是持续讲好和平志愿故事,做好志愿者口述资料和志愿服务故事的收集整理,汇编成册,用志愿者的亲身经历作为志愿精神传承的根基和志愿文化向全社会推广的宣传素材,为志愿服务持续深入发展提供内生动力。三是鼓励志愿文化和志愿精神走进家庭,鼓励志愿者用实际行动向身边人宣传志愿文化,以“一人”带“一家”,以“一家”带“万家”,使志愿精神和志愿文化永续相传。

南开区志愿服务事业发展实践①

田絮崖　天津社会科学院社会学研究所助理研究员

摘　要： 志愿服务的发展水平既是社会发展程度的主要体现，也是社会文明进步的重要标志。南开区有着对志愿精神和志愿服务长期探索和实践的历程。自1987年起，南开区持续多年开展“双学”活动，将学习雷锋精神和焦裕禄精神的优良传统贯穿到为人民服务的实践当中。进入新时代，南开区将推动精神文明建设、推进新时代文明实践工作和志愿服务有机结合，以新时代文明实践带动志愿服务，以志愿服务助力新时代精神文明建设，努力在全区构建志愿文化认同，持续推动志愿服务事业发展，推动社会文明进步。本报告从南开区志愿服务的发展历程、志愿服务总体经验和实践路径、志愿服务发展成效、志愿活动开展模式和类型分析，以及志愿服务事业持续发展的对策建议方面展开讨论，以期为新时代南开区构建志愿服务事业新格局提供一定参考。

关键词： 志愿服务　志愿精神　志愿传统　新时代文明实践　南开区

一　从“双学”到“志愿”：南开区志愿服务发展历程

志愿精神是志愿服务的价值基础。“志愿服务”一词虽然是来自西方文明的词汇，然而，志愿精神在我国的传承和发扬有着悠久的历史和良好的传

①　本文部分资料得到南开区精神文明建设委员会办公室的支持，特此感谢！

统。例如，儒家思想中强调的互相以对方为重，以及在追求利益时注重“道义”的价值观，都体现出志愿精神中“博爱”和“利他”等精神内涵。[①] 南开区志愿精神的形成和发展，同样得益于南开区长久以来以“奉献”“爱心”“文明”“正气”等为精神内核的志愿实践，以及在此基础上形成的志愿精神和志愿文化传统。南开区志愿服务是由早期“双学”活动转化而来，同时结合了社会主义精神文明建设和新时代文明实践的具体内容，最终形成了具有中国特色、天津特色和南开特色的志愿服务精神。南开区志愿服务发展历程大致可归纳为三个阶段，分别是自 1987 年至 1996 年的早期探索和培育阶段，自 1997 年至 2016 年的专业组织和推动阶段，以及自 2017 年至今的深入发展和提升阶段。

（一）早期探索和培育阶段（1987—1996）

南开区志愿服务是由早期学雷锋活动逐渐转化而来的。1963 年 2 月 7 日，《人民日报》发表了雷锋同志生前事迹的通讯。1963 年 2 月 8 日，南开区委下发文件号召全区干部群众学习雷锋精神。自 1987 年起，南开区开启了持续多年的“双学”活动。1987 年，团区委下发《关于在“三五”期间开展“学总理、树理想、学雷锋、为人民”活动的通知》，学习雷锋精神由此发端。1990 年 5 月，南开区委、区政府做出“关于开展学习焦裕禄精神，做焦裕禄式干部”活动的决定，明确提出“双学”活动必须坚持领导带头、立足本岗、弘扬正气、着眼育人的基本工作思路，提出了“像雷锋那样做人、像焦裕禄那样为官”的活动口号，确立了将“双学”活动作为社会文明建设的重要抓手。不仅如此，“双学”活动还逐步走出南开、走出天津、走向全国，南开区先后与河南省兰考县、辽宁省抚顺市望花区，以及雷锋生前所在部队结成友好区县和教育基地，在多个全国精神文明建设工作会议上介绍经验。

① 杜希要、吴新平：《价值认同视域下公民志愿精神的培养》，《人民论坛》2015 年第 20 期。穆青：《如何理解志愿服务与志愿精神》，《北京青年政治学院学报》2005 年第 3 期。王卓：《试论中国传统文化中的“志愿”意蕴》，《湖南科技学院学报》2013 年第 9 期。尹强：《论当下中国志愿文化的兴起与发展——兼论中国优秀传统文化与西方进步文化的融通与结合》，《学术探索》2015 年第 1 期。

(二)专业组织和推动阶段(1997—2016)

以1997年“学雷锋志愿者服务队”的成立为标志,南开区“双学”活动和志愿服务逐步进入组织化和专业化发展阶段。1997年,南开区教育局在全区103所中小学、9万名学生中开展学雷锋活动,建立起30支中学生学雷锋志愿者服务队,1500多支学雷锋小分队和3000多个学雷锋社会实践基地。在这一阶段,青年志愿者是志愿服务的主要参与者。2000年,万余名中小学生以多样化的形式参与青年志愿者奉献活动。同年,团区委开展了以“护我津河、爱我南开”为主题的青年志愿者植绿护绿活动。2002年组织开展“做春天的使者,青年志愿者在行动”学雷锋教育实践活动。2012年,南开区“真情关爱暖人心,雷锋精神入万家”志愿服务活动在向阳路街泾水园社区启动,并由万人志愿者组成的“学雷锋”志愿者队伍开展多种类型的志愿活动,志愿活动规模不断扩大。1999年,为迎接第34届世界体操锦标赛,南开区青年志愿者服务总队成立,这构成南开区志愿服务参与大型志愿服务活动的首次经验。与此同时,志愿服务信息化建设逐步推进。2001年,“南青在线”网站开展学雷锋系列网上志愿者注册活动。2013年,“南开区学雷锋志愿服务网”开通仪式在学府街道学湖里社区举行。2015年,作为南开区“学雷锋”志愿服务活动基地,南开区“双学”主题展览馆的成立,成为南开区志愿事业朝向专业化、常态化发展的重要步骤。总体上看,这一阶段,南开区志愿服务逐步向规模化、组织化、专业化和信息化转型,以学习雷锋精神和焦裕禄精神为载体的志愿精神,不断深入志愿者和群众当中,为新时期志愿服务的深入发展和提升奠定了坚实基础。

(三)深入发展和提升阶段(2017—)

自2017年起,南开区志愿服务进入深入发展和提升阶段,这主要有三个标志。一是专门化的志愿服务条例的出台和落实。2017年,天津市正式颁布《天津市志愿服务条例》,对志愿者、志愿组织、志愿服务、信息平台和保障措施等做了更为全面和系统的规定。在此指导下,南开区积极开展志愿服务创新,发掘志愿项目资源，打造志愿活动品牌。截至 2021 年，天津市共有 301 家登记注册的志愿服务组织，南开区有 14 家，包括南开区志愿服务协会、南开区青年志愿者协会，以及各街道的社会组织联合会等团体。《天津市志愿服务条例》的制定和落实，为南开区志愿服务提供了制度层面的有力保障，为志愿服务的顺利开展提供了法律依据。

二是专门化的志愿协会的成立。2019 年 12 月，南开区志愿服务协会第一次会员代表大会召开，审议通过《天津市南开区志愿服务协会章程（草案）》和《天津市南开区志愿服务协会第一届理事会选举办法（草案）》，选举第一届理事会理事、监事、协会会长，以及副会长、秘书长和副秘书长。南开区志愿服务协会包含 52 个会员单位，涉及教育、卫生、文化等职能部门，街道社区、社会团体和热心企业等多个主体。南开区志愿服务协会的成立是推进志愿服务向纵深发展的必要环节，也是志愿服务向规范化发展的重要措施。

三是建立了主体更为多元化和专业化的志愿者队伍。志愿者是志愿服务的实践主体，决定了志愿服务能够达到的广度和深度。2017 年以来，南开区一方面重视志愿者群体构成的多元化发展，吸纳了包括律师事务所、鲁能商管公司、中国银行南开支行等社会团体、企业、共建单位积极参与新时代文明实践志愿服务，以志愿服务推动文明建设。多元化的志愿者队伍为南开区的新时代文明实践事业注入了新鲜血液，志愿服务和志愿精神进一步融入群众社会文化生活当中，构成推动新时代文明发展的重要动力。① 另一方面，志愿者培训项目不断丰富，志愿者服务专业化水平有了较大提升。南开区邀请“全国最美志愿者”安旭，为各单位和社区志愿服务负责人进行培训；组织部分重点单位参加第四届江苏志愿服务展示交流会，极大地提升了志愿者的专业水平。

从“双学”活动中累积的优良志愿传统得以在新时代文明实践志愿活动中传承和延续，以雷锋精神和焦裕禄精神，以及新时代精神文明为核心的志愿精神，共同融合成为南开志愿精神的核心内涵，构成了推动南开区志愿服务持久

① 谭建光主编：《如何做好文明实践志愿服务》，广东人民出版社，2020。何祎金：《文明实践与当代志愿服务》，社会科学文献出版社，2020。

发展的根本动力。

二 新时代南开区志愿服务的总体经验和实践路径

进入新时代,南开区以精神文明建设和新时代文明实践为依托,为志愿服务向纵深推进和志愿文化的全民普及提供了良好的基础和条件。概括来看,南开区志愿服务的总体经验包含三个方面,分别是:党建引领,党员先行;扎根基层,服务群众;系统运作,多方联动。

(一)党建引领,党员先行

“党建引领,党员先行”是南开区志愿服务的总体经验和实践路径之一,也是新时代文明实践志愿活动的鲜明特色。为发挥志愿服务在新时代文明实践中的主体力量,南开区成立新时代文明实践总队和各级志愿服务队,共吸纳在职党员干部、社区和社会志愿者4.8万余名;牵头多部门成立理论政策宣讲等10支专业志愿服务队,成立“平安南开”等10支特色志愿服务队,同时成立各机关事业单位志愿服务队二百余支;各街道结合自身实际,开展理论宣传、文明风尚、文化健身、互帮互助等志愿服务。2019年,南开区开展“万名干部进社区”志愿服务活动,组织全区党政机关、企事业单位1.4万名党员干部职工深入社区开展环境清整和《天津市文明行为促进条例》宣传活动。同年,在“文明交通 你我同行”志愿服务活动中,包括各街道机关党员干部志愿者在内的八千余人次参与了交通路口文明引导服务。与此同时,南开区新时代文明实践站的建设以党员干部为核心,以基层群体为主体,广泛吸纳本地道德模范、身边好人、“五老”人员、社区共建单位志愿者等,组建多支专业化、高品质的志愿服务队伍。总体来看,与新时代文明实践工作相结合,党员干部的先锋作用在志愿服务活动中充分体现出来,党员志愿者作为志愿者中的先锋部队,对于志愿服务在全社会的宣传、引导和普及起到了重要的带头作用。

（二）扎根基层，服务群众

南开区将“群众在哪里，新时代文明实践就延伸到哪里”的工作理念融入新时代文明实践工作中，推进新时代文明实践工作与党史学习教育“我为群众办实事”实践活动相结合，与创文为民、利民、惠民的宗旨相结合，组织开展群众对志愿服务需求的调研，由区级志愿服务总队牵头20支区级志愿服务队，每月推出志愿服务项目，对接社区，围绕人民群众新期待，梳理、归类、制作群众需求“清单”，制作实施精准对接群众需求的文明实践志愿服务项目“菜单”，形成“百姓点单—中心派单—志愿者接单—群众评单”的工作模式，使得志愿服务真正成为扎根群众、为人民服务的事业。南开区在志愿服务事业推进中，始终聚焦群众所思所想所盼，开展教育、文化、科技、医疗、法律、健身等志愿服务活动，让广大群众得到实惠。

（三）系统运作，多方联动

南开区志愿服务实行系统运作的组织方式，形成“自上而下”和“自下而上”多方联动的实践效应。在政府号召和党员先行的引导作用下，南开区逐步形成了“文明实践中心—志愿者协会—社会团体”三方联动的志愿服务组织系统。在建立和完善新时代文明实践中心、所、站三级系统统筹组织中，通过印发《南开区新时代文明实践中心建设实施方案》，在区内12个街道设立新时代文明实践所，在区内所有社区设立新时代文明实践站，实现了新时代文明实践中心、所、站三级系统区内全覆盖。与此同时，南开区文明委加强对志愿服务的总体规划和协调指导，由区文明办牵头成立南开区志愿服务协会，并发挥其组织协同推动作用，吸引社会企业和团体参与志愿服务活动。就企业参与情况而言，天津肯德基公司设立爱心食物银行，鲁能商管公司在大型商业综合体中设立了天津市首家新时代文明实践站，志愿服务时长超过了2000小时。同时还建成国家电网城西供电公司新时代文明实践基地、古文化街新时代文明实践基地，发动“贝壳公益”等组织成立文明实践志愿服务队，总体上形成多方联动的组织架构。

三 南开区志愿服务的主要成效

(一)顶层设计不断完善

南开区深入贯彻落实国务院《志愿服务条例》、中央文明委《关于推进志愿服务制度化的意见》和《天津市志愿服务条例》。在具体举措上,在落实国务院《志愿服务条例》方面,南开区制定了《南开区关于推进志愿服务制度化建设的实施意见》和《南开区贯彻落实〈志愿服务条例〉和〈天津市志愿服务条例〉的实施方案》,将志愿服务事业纳入《南开区国民经济和社会发展第十三个五年规划》和区精神文明建设年度工作安排。在落实中央文明委《关于推进志愿服务制度化的意见》方面,制定《南开区关于推进志愿服务制度化建设的实施意见》,大力弘扬"奉献、友爱、互助、进步"的志愿精神。与此同时,成立以35个单位为成员的志愿服务工作协调小组,明确各单位工作职责,形成党委宣传部、文明办牵头志愿服务的工作机制。

(二)志愿者队伍和阵地建设不断加强

在壮大志愿者队伍方面,南开区依托天津志愿服务网管理志愿者,招募注册志愿服务团队、发布活动信息、记录服务时间。截至2022年7月,南开区现有注册志愿者196,722人,注册志愿服务团队1013支。在志愿服务阵地建设方面,南开区街道社区实现新时代文明实践阵地全覆盖,建立37个窗口单位志愿服务岗,打造25个"天津V站"、27家"青志汇"青年志愿者阵地,各街道、社区成立志愿服务中队、小队,形成区、街道、社区三级志愿服务管理体系。

(三)志愿服务培训和保障机制不断完善

一方面,制定志愿者注册登记、培训管理、服务记录等制度,例如在志愿者培训方面,南开区文明办分别围绕志愿服务活动组织、天津志愿服务网使用、志愿服务项目培育等内容召开专题培训会。选拔优秀志愿服务团队和志愿者参加天津市志愿服务骨干培训班，赴张家港、上海、湖州、扬州等地学习先进志愿服务经验。志愿服务体制机制不断完善，为南开区志愿服务事业发展提供坚实保障。另一方面，不断完善保障和激励制度。南开区为志愿服务发展提供充足资金，自 2017 年以来，南开区设立志愿服务专项经费 220 万元，出资 23 万元，为 1.1 万名骨干志愿者上保险。同时，进一步完善激励制度，常态化推广“时间银行”“道德超市”“志愿存折”等制度，共认定 2036 名“星级志愿者”。

（四）志愿服务品牌活动实现常态化和多元化发展

南开区已常态化开展“学雷锋月”“文明交通，你我同行”“万名干部进社区”等全区性志愿服务品牌活动。以政府购买服务方式，支持志愿服务组织承接服务项目，连续举办三届南开区公益项目创投大赛。同时打造了一批具有南开特色的品牌志愿活动，如开展 2019 年南开区十佳志愿服务项目评选活动，自 2021 年起建立“南开创文 有你有我”新时代文明实践日活动品牌，将社区志愿服务与文明实践融合发展，打造有代表性的社区志愿服务品牌活动，鼓励社会企业创新志愿活动模式，大力培育企业志愿文化融入企业社会责任。同时积极参加天津市、全国志愿服务典型评选活动，选拔培育了南开区青年教师志愿者服务队等七十多个市级及以上优秀志愿服务典型。总体上看，南开区志愿服务品牌不断成熟，逐步实现常态化和多元化的发展态势。

（五）志愿服务信息化和数字化平台建设不断完善

南开区志愿服务信息化和数字化平台建设不断完善，主要表现在：一方面，在志愿者管理方面，依托天津志愿服务网做好志愿者和志愿服务团队的招募注册和管理工作，通过天津志愿服务网发布活动信息、记录服务时间和质量，为评价表彰激励志愿者提供依据；另一方面，在志愿服务项目探索方面，搭建南开区新时代文明实践信息服务平台，探索“百姓点单—实践站派单—志愿团队接单”的服务模式，为群众提供有针对性的志愿服务。依托新时代文明实践中心，统筹调配 177 支区级、社会志愿服务队和 127 个优质阵地资源，汇总“群众点单”情况，梳理“需求清单”189 项，推出“服务菜单”358 项，初步实现了志愿服务信息化管理和动态调控。

四　南开区志愿服务类型和模式探索

当前,南开区志愿服务活动类型和发展模式朝着多元化的方向发展。南开区品牌志愿活动可总结和归纳为三种发展模式,分别是党建引领志愿服务模式、社区志愿与文明实践相融合模式,以及企业参与志愿服务模式。

(一)党建引领志愿服务品牌项目活动——以“南开创文 有你有我”新时代文明实践日为个案

南开区将志愿服务和新时代文明实践活动、党史学习教育“我为群众办实事”实践活动,以及全国文明城区创建工作有机结合,创立“南开创文 有你有我”新时代文明实践日活动品牌。2021 年 5 月起,全区新时代文明实践所、站于每周五同步开展活动,各部门党员干部到社区报到,与社区工作者、志愿者共同走街入户访民情,聚焦群众关心的社会热点。活动由各单位下沉社区和参与“扎根网格 血脉相融”实践活动的党员干部,还有社区工作者、社区志愿者和社会志愿者共同参加,每次活动大约有 4000 名志愿者参与其中。自活动启动以来,已经开展了 14 次全区性实践活动,开展各级各类志愿服务活动超 8000 场,参与志愿者超过 20 万人次。志愿活动主题包含理论宣传和思想教育、垃圾分类推广、绿色环保宣传、健康知识普及、传染病防治、防范电信网络诈骗等,活动形式多样,与群众生活紧密相关。“南开创文 有你有我”新时代文明实践日的开展,对于在全区范围内形成“人人为我、我为人人”的良好志愿氛围有良好的助推作用。

(二)社区志愿与文明实践融合发展——以嘉陵道街为个案

南开区嘉陵道街将志愿服务活动和推动新时代文明实践工作有机融合,促进社区志愿事业发展。首先,嘉陵道街推动志愿服务专业化和制度化的保障建设。通过设置志愿服务岗、文体活动室、图书角、理论讲堂、家长学校、快乐营地等功能室，打造“文明实践＋党群服务＋社会治理”综合体。其次，充分调动各级各类志愿服务资源和力量，提高志愿服务水平。动员机关干部、党员、共青团员、社区工作者和居民，共同成为新时代文明实践活动的参与者。利用“新时代文明实践信息服务平台”，与市、区级各类志愿服务资源对接，实现线上“点单”，为群众提供精准服务。最后，根据群众实际需求策划志愿活动，逐步实现志愿活动项目化和规范化运作。已经开展的品牌活动有金川里“红娘帮帮团”、雅安西里“户外日间照料”社区花园项目，以及桂荷园“手机课堂”等。同时，积极开展“南开创文 有你有我”新时代文明实践日活动。2021年以来，南开区开展政策宣讲、文化文艺、健康义诊、关爱帮扶、环保科普等各类志愿服务300余场次，受益群众万余人次。

（三）企业参与志愿服务——以鲁能商管公司为个案

企业是社会的重要组成部分，企业文化不仅影响企业经营，也会对整个社会的核心价值走向产生影响。好的企业形象和企业社会责任，能够带动社会文明的发展和进步，企业参与志愿服务，不仅是树立良好企业文化的关键方面，更是提升志愿服务整体发展水平的重要因素。① 在区委、区政府的号召和领导下，位于天津市南开区的鲁能商管公司，以“与城市共发展，与市民同相伴”为思路，将“服务”理念根植于企业文化之中，积极参与志愿服务和新时代文明建设实践。鲁能商管公司组织职工和购物中心商户成立“天津鲁能城志愿服务队”，年服务时长超过2000小时。鲁能商管公司组织员工和共建单位共同成立新时代党建宣讲团，在购物中心商户、消费者和周边社区群众当中开展主题宣讲、文艺表演、党课教学等多种形式的活动。同时，还邀请属地三甲医院为购物中心商户和周边社区居民进行义诊。新冠肺炎疫情期间，鲁能商管公司还组织商户中的美发行业，到周边社区为不方便出门的老人免费理发，解决实际困难。通过扎实实践，将志愿文化融入企业文化，推动企业和社会文明共同发展。

① 王忠平、林海萍主编：《企业志愿服务理论与创新实践》，南方出版社，2021。

五　南开区志愿服务持续发展的对策建议

南开区志愿服务发展已取得较为显著的成效,也探索出较多适合南开区的发展经验。然而,南开区志愿服务在面对如何实现高质量发展、提升志愿服务整体发展水平上,还面临一定挑战,具体表现在志愿服务项目如何能够更加以解决人民群众实际问题为导向,如何更为充分地调动各级社会资源参与志愿服务,建立常态化志愿活动保障机制,如何完善志愿服务培训制度,提升志愿服务专业化水平,以及如何提升整个社会对于志愿精神和志愿文化的认同感,需要进一步加以探索。针对上述问题,下文提出相应对策建议,以期为南开区志愿服务持续深入发展提供一定参考。

第一,加强新时代精神文明建设、文明实践与志愿工作的深度融合,促进政府各部门职能职责、志愿服务和为人民服务的宗旨有机结合,助推社会文明进步。志愿服务的发展能够反映一个社会和国家的文明程度,对文明建设和文明发展有着直接的作用。通过将志愿服务和政府部门职能职责相结合以及与人民服务相结合,能够为志愿服务的实践提供新的启发,以满足人民群众需求、解决人民群众实际问题为导向,丰富志愿活动项目类型,提高人民群众满意度,同时以此带动广大群众参与志愿服务的热情,促进志愿服务在良性轨道上持续发展。

第二,建立政府、市场和社会统筹协调的立体互联机制,充分调动区级机关、企业和社会资源,做好社会动员,以多方力量共同带动志愿事业繁荣。尽管和早年相比,南开区志愿服务的社会参与度有所提升,尤其是自南开区志愿者协会成立之后,很大程度上调动了社会团体和企业对志愿活动的参与积极性,然而,距离志愿服务向全社会的普及仍有一定距离,例如民营企业家对志愿活动的参与程度较低,不仅缺乏有效的组织,而且对志愿事业缺乏更为深入的认同。南开区志愿服务在今后的发展中,应当进一步动员各类社会群体,合理布局和调配不同领域的社会资源,努力使志愿活动真正成为一项全社会共同关心、凝聚全社会精神的持久事业。

第三，建立健全志愿活动常态化保障机制，充分确保《志愿服务条例》扎实落实，建立有效的激励机制，以完善的制度体系保障志愿服务有力发展。当前，南开区依照国家和天津市有关规定，相继制定《南开区关于推进志愿服务制度化建设的实施意见》《南开区贯彻落实〈志愿服务条例〉和〈天津市志愿服务条例〉的实施方案》《关于印发〈关于成立南开区志愿服务工作协调小组的通知〉〈南开区志愿服务工作协调小组及其办事机构工作规则〉的通知》等多个条例，下一步应着力将各项举措落实，并实现常态化运作，同时建立积极有效的激励机制，以法律法规和制度保障志愿者权益和志愿事业的持久有序发展。

第四，完善志愿服务培训制度，提升志愿者服务专业化水平。志愿者是志愿队伍的核心，是志愿服务、新时代文明实践活动的主要力量，志愿者的专业化水平在很大程度上影响到志愿服务的整体水平和长远发展。因此要持续深入探索建立更加科学有效的志愿者和志愿服务培训机制，从多层次、多角度创新培训方式方法，通过组织和开展多样化的培训种类，与其他各区市加强交流等，建立起常态化的志愿者培训体系，使得志愿服务具有持久创新的动力来源，让志愿者和志愿活动在社会事业和服务群众中发挥最大能效。

第五，继承和利用志愿文化传统，大力普及志愿文化，提升整个社会对于志愿文化的认同感。志愿精神和志愿文化的形成是循序渐进的，志愿文化对于社会发展的影响是潜移默化的，需要在长期的宣传和实践中得以建立。南开区志愿服务有着悠久的历史和优良的传统，从学习雷锋精神和学习焦裕禄精神的“双学”活动实践以来，志愿文化已经成为南开人民精神生活不可或缺的部分。建议将南开区“双学”活动的志愿精神传统作为优秀志愿文化传统加以继承和利用，结合新时代文化实践的核心内涵，总结南开区文明实践的基本特点，发扬南开志愿精神，将其融入新时代文明实践志愿服务事业当中，在全社会形成对志愿精神和志愿文化的认同感，将志愿服务真正发展为全民共享的事业。

津南区志愿服务事业发展实践①

周建高　天津社会科学院社会学所研究员

摘　要： 津南区志愿服务事业在天津市现代化大都市建设中持续稳定发展。自2019年新时代文明实践中心建设试点启动后，志愿服务事业进入新的发展阶段，志愿服务平台在区、镇（街）、村（社区）全覆盖；组建由党组织书记挂帅的志愿服务四级队伍；注重特色志愿服务队伍的培育；志愿服务以丰富多样的项目组织开展，以配合党政中心工作为特色。近年来，志愿服务以解决群众实际问题为导向、以项目制达成目标，主要在疫情防控、社会治理现代化、人居环境整治、党史学习教育等领域深入广泛展开。面向未来的社会治理现代化，津南区志愿服务事业具有广阔的发展空间。

关键词： 津南区　志愿服务　新时代文明实践

中国社会的慈善、志愿服务源远流长，史不绝书，作为古代主流思想的儒学核心理念的“仁”即爱人，倡导人与人之间互爱互助。当代中国的志愿服务事业，20世纪60年代有学雷锋活动，改革开放后有“五讲四美”活动等，形式多样，日益发展。社会主义核心价值观中“文明”和“友善”理念与志愿服务精神高度契合，因此志愿服务也成为践行社会主义核心价值观的重要方式。2018年7月《关于建设新时代文明实践中心试点工作的指导意见》出台后，我国志愿服务事业进入新阶段，志愿者成为新时代文明实践中心（所、站）的主力，志愿服务成为新时代文明实践的主要活动方式，志愿服务事业得到党和政

① 本文部分资料得到津南区精神文明建设委员会办公室的支持，特此感谢！

府更加有力的支持。作为全国试点区之一,天津市津南区围绕深入学习贯彻习近平新时代中国特色社会主义思想,坚持把满足人民日益增长的精神文化生活需要作为着眼点和着力点,通过高标准、高质量建设新时代文明实践中心,促进了志愿服务事业蓬勃发展,取得显著成效。

一　津南志愿服务事业特点

津南区志愿服务的发展源远流长,一直与共和国的发展同频共振。在新时代文明实践活动普遍开展之前,志愿服务事业已经在津南大地蓬勃开展。文明实践活动开展以后,志愿服务事业发展进入新阶段。归纳起来主要有以下特点。

(一)志愿服务事业一直得到党和政府支持

津南区志愿服务事业发展始终得到党和政府的关心和支持。新时代文明实践中心建设启动后,津南区坚持区委统一领导,高位推进,党政群各部门"一把手"挂帅,统筹抓好各项工作的落实。研究制定《津南区深化拓展新时代文明实践中心建设实施方案》等文件,强化各级各类资源的整合,与区级重点工作相结合,同步推进文明实践工作。投入文明实践、文明创建经费三千余万元,确保志愿服务工作有序运转。将新时代文明实践中心建设纳入全面从严治党考核内容,层层压实责任,确保工作落地落实,为志愿服务建构了坚实的平台。区、镇(街)、村(社区)三级党组织书记分别担任文明实践中心(所、站)负责人,明确责任分工,高效运转。制定了兑换积分、兑换服务、典型培育、宣传推广等激励制度,激发群众参与志愿服务的积极性。[①] 在党委政府的支持下,津南区探索出了阵地建设抓"标准 + 创新"、队伍建设抓"系统 + 特色"、项目开展抓"常态 + 品牌"、技术支持抓"线上 + 线下"、建设过程抓"指导 + 培训"的五大工作方法,有力地促进了新时代文明实践志愿服务事业的开展。

① 中共津南区委宣传部:《津南区新时代文明实践中心建设工作年中自评报告》(内部资料)。

(二)志愿服务活动与政府工作紧密配合

津南区志愿服务与地方党和政府的事业密切配合。2013 年 12 月 23 日,中共中央办公厅印发《关于培育和践行社会主义核心价值观的意见》,津南区结合中央文件要求,积极开展志愿服务活动,推进志愿服务制度化、常态化、社会化。2013 年 9 月,中共津南区委十届四次全会审议通过了《美丽津南建设实施方案》,旨在以提高群众生活质量为根本目标,加快建设“天蓝、地绿、水清、环境美、人幸福”的美丽津南,实现宜居生态的环境美、靓丽洋气的建筑美、幸福安康的生活美、文明礼貌的行为美。志愿服务活动配合津南区“美丽津南”的工作目标,将城乡环境卫生清洁作为志愿服务的常态化内容。2015 年 8 月 12 日,津南区人民政府办公室印发了《津南区发展众创空间推进大众创新创业实施方案》,同年小站镇政府建立了青年创业、就业中心,成为青年志愿者们服务青年创业的平台。在投资、融资、财务多个方面扶持创业者发展企业,分享创业故事,为企业的发展提供服务。志愿者积极参与文明城区创建活动,例如开展文明交通志愿服务,劝阻行人闯红灯、乱穿马路、跨越护栏等不文明交通行为。[①] 津南区开展环境整治志愿服务,如志愿者对小区公共设施破损、小广告张贴、垃圾堆放等进行清理,等等。近年来,新时代文明实践志愿服务在津南形成了与疫情防控融合、与绿色高质量发展融合、与社会治理融合、与人居环境整治融合、与创建文明城区融合的“五大融合”的工作理念和实际态势。[②]

(三)志愿服务内容满足群众生活需求

津南区志愿服务事业在配合政府大政方针的同时,紧密围绕人民群众日常生活需要开展活动。志愿服务内容包括理论宣讲、政策普及、环境清整、环境保护、义务理发、家电维修、家政服务、法律服务、卫生保健、助残助困、心理

① 王彤:《营造文明氛围 助力创文工作:津南区启动文明交通志愿服务》,《天津日报》2021 年 9 月 2 日。

② 《天津市津南区新时代文明实践中心建设风采》,中国文明网,2022 年 9 月 29 日访问,http://www.wenming.cn/wmsjzx/zxd/202209/t20220929_6485923.shtml。

辅导等。各行业、各年龄段、各镇街均建立志愿服务队伍和特色志愿服务队,志愿者从自身条件和所在社会环境出发,以满足人民群众物质和精神需求为目标开展志愿服务活动。理论宣讲志愿服务队深入机关、企事业单位、社区(村)开展分众化宣讲,让习近平新时代中国特色社会主义思想和党的创新理论"飞入寻常百姓家"。文艺志愿者服务队深入日间照料中心、孤寡老人家中进行义务文艺演出,面向社区居民定期开展文艺宣传、文艺汇演、戏剧进乡村等惠民活动,丰富群众的精神文明生活。近几年,津南区立足群众生产生活实际,设计推出了"金牌"宣讲团、"主妇联盟""搭把手""便民15号"等普惠性项目;聚焦养老、育幼、帮困以及新冠肺炎疫情防控推出了"绿马甲护苗""四点半课堂""拥抱蓝大雏鹰送暖""神兽课堂""疫苗接种青骑团""流动宣传车"特惠项目;聚焦互帮互助、邻里守望,推出"帮帮团""情暖夕阳红""温暖于鑫"互惠项目,截至2022年末,培育特色志愿服务项目二百余个。依托津南区新时代文明实践志愿服务平台,群众从"项目菜单"点单,志愿团队从"需求菜单"接单,线上线下结合开展服务,切实解决群众实际困难。

(四)志愿服务参与者广泛

津南区志愿服务事业的积极参与者,不仅有以大学生为主体的青年、热心市民,还有残疾人、老年人等,特别是公务员和各类事业机构职员的广泛参与更加凸显。例如,团区委在2015年3月组织开展了学雷锋志愿服务月暨自护教育季活动,有机结合了青少年帮扶和自护教育等八个领域,做到月月有主题,周周有活动。区文明办在2016年打造了"我们的节日(劳动节)献爱心"志愿服务品牌,各街镇、委办局干部、职工深入联系点(社区、村),开展了系列志愿服务。双桥河镇在2010年组建"慈善在我身边"残疾人志愿服务队,开展义务理发、慈善宣传、社区服务、为颐养院老人送服务等。[①] 司法局青年志愿者

① 《津南区双桥河镇"慈善在我身边"残疾人志愿服务队》,中国文明网,2016年11月3日访问,http://images.wenming.cn/web_wenming/specials/zyfw/4g100_39622/zjzyfwzz/201611/t20161103386l061.shtml。

们经常深入学校、社区,为青少年进行普法宣传,关注社区服刑青少年的心理状态,关注外地青年务工人员,为他们提供法律维权绿色通道。2020 年新冠肺炎疫情期间,六万余名党员志愿者及群众志愿者自发下沉社区参与疫情防控,不眠不休抗疫情,展现了志愿者风采。总之,在津南区各种有规模的志愿服务活动中,机关干部、青年学生、社区群众等群体均能广泛参与,用志愿红扮靓津南。新时代文明实践活动开展以来,津南区组建各级各类志愿服务队伍 1300 余支,开展各类志愿服务活动五万余场次。

二　津南新时代文明实践志愿服务活动推进方式

2018 年中央发布了《关于建设新时代文明实践中心试点工作的指导意见》,要求以志愿服务为新时代文明实践的主要形式。津南区积极贯彻落实中央和市委工作部署,2020 年 1 月 20 日召开的津南区新时代文明实践中心建设试点工作启动会,标志着津南区志愿服务事业发展进入新阶段。津南区将建设新时代文明实践中心作为推动乡村全面振兴的重要举措,作为提升津南竞争力和影响力的必要措施,并且把新时代文明实践中心建设与营造良好招商环境、发展会展经济结合起来,把重点放在搭好架构、建好队伍、用好平台、搞好活动、抓好结合上,并且决心打造新时代文明实践中心试点工作的“津南样板”①。津南区建立了新时代文明实践中心建设试点工作领导小组,全体区级领导参与;各镇、街组建新时代文明实践所、站试点工作领导小组并成立工作专班,村、社区明确了新时代文明实践站站长和专职工作人员。制定印发了《津南区新时代文明实践中心建设试点工作实施方案》,明确工作重点、思路、目标,作为开展工作的指南。为提高群众对新时代文明实践事业的知晓率和认知度。2021 年 4 月 30 日公布了津南区新时代文明实践中心标识。

作为开展志愿服务的新的主流平台,津南区新时代文明实践中心建设和

① 《津南举办新时代文明实践中心建设试点工作启动会》,天津文明网,2020 年 1 月 21 日访问,http://wenming.enorth.com.cn/system/2020/01/21/037941989.shtml。

志愿活动相辅相成、有序推进。津南区主要以下列方式推进工作:

(一)开辟更多志愿服务平台

根据区委区政府的统一部署,为了推动新时代文明实践活动和志愿服务事业更好发展,津南区按照“六有”标准,在区、镇(街)、村(社区)三级,利用既有的党群服务中心、综合文化中心等资源,并且利用广场、长廊、楼道等场所,打造群众身边的实践阵地。咸水沽镇在绿色生态屏障、企业等设立新时代文明实践驿站,扩大服务群众覆盖面;北闸口镇前进村利用小凉亭、荷花塘、村史馆等作为阵地。各镇(街)全部建立了新时代文明实践所,村(社区)全部建立了新时代文明实践站,同时建立了多个新时代文明实践点,实现了新时代文明实践阵地也就是志愿服务平台在全区范围内的全覆盖。

(二)组建规范的志愿服务队伍

志愿者、志愿者队伍是开展志愿服务的主体。津南区组建了新时代文明实践志愿服务总队、大队、分队、小队四级队伍,各级队伍的队长由同级党组织书记担任,保证志愿服务队伍在党的领导下有序开展活动。迄 2021 年 9 月底,津南区有 25 支新时代文明实践志愿服务大队、420 支分队、911 支小队。按照条块结合的方法,志愿服务大队分为区域大队和专业大队,区域大队主要由各镇街组成,专业大队由教育、文化、宣传、司法、科技等 14 个系统单位组成,镇街、社区分别组建“4 + N”志愿服务队伍。注重特色志愿服务队伍的培育,区网信办建立三级“好网民”网络志愿服务队,以“互联网 + 政务服务”形式服务基层群众;北闸口镇前进村实践站组建农村产业发展服务队,策划了一站式家庭亲子游,等等。志愿者队伍的建立和壮大使志愿服务事业发展有了源头活水,有了支撑栋梁。

(三)以项目形式开展志愿服务活动

在志愿服务平台、志愿服务队伍建立起来后,津南区以丰富多彩的志愿服务项目广泛组织开展志愿服务,做到有制度、有计划,实行台账化管理。如,区、镇(街)志愿服务队伍定期到村、社区开展文化公益大讲堂、环境整治、扶危助困等活动;各村、社区志愿服务队为老年人义务理发,为群众放映电影;“银发”红色理论宣讲志愿服务队为群众宣讲党的理论政策,翰墨讴歌书法志愿服务团队免费教青少年书法等。依托品牌项目,深化“我们的节日献爱心”全民公益行动。2021 年 3 月 5 日举办“献礼建党百年 文明点亮会展”学雷锋日嘉年华活动。2022 年 3 月 5 日举办“迎朝阳 再出发”志愿服务展示交流活动,打造学雷锋志愿服务月品牌。挖掘培育特色志愿服务项目,打造“理响津南”“融艺学院”“食物森林”“小区说法”“金融帮扶”“送医进社区”“便民 5 号”“主妇联盟”“绿马甲护苗”“四点半课堂”等志愿服务项目二百余个,满足各类群众需求。

(四)志愿服务融入党政中心工作

津南区志愿服务活动紧密结合党和政府的重要工作展开,近年来主要包括下列几项。一是服务新冠肺炎疫情防控。2020 年春节发生了新冠肺炎疫情,随后,防止疫情扩散成为全国头等大事。其间,东西庄房村采取线上线下相结合的方式,举办“弘扬时代新风 共筑文明家园”新时代文明实践站启动暨疫情防控主题活动,引领全体村民参与志愿服务;大芦庄村实践所蔬菜助农志愿服务队利用微信朋友圈帮助菜农推介蔬菜产品,解决了疫情期间蔬菜销售难题,仅 10 天通过网络就售出各类蔬菜四万余斤;迎新村实践站组织志愿者制作面食,先后到全区各街镇二百多个防控卡口送去爱心馒头。医护志愿者在一线参与医疗救治,党员志愿者“入队”社区参与值守。文艺志愿者创作各类作品,帮扶组宣传政策服务指导,助力企业复工复产。二是服务推进社会治理现代化。例如,双新街按照“4 + N”模式,相关职能科室牵头成立 16 支志愿服务分队,吸收优秀志愿者加入,积极参与街道的理论宣讲、环境保护、矛盾调处、扶贫助困等工作,助力街道基层治理水平提升。三是服务人居环境整治。以新时代文明实践中心建设推动农村人居环境整治常态化、制度化。例如,小站镇东西庄房村组建 5 支志愿服务队伍,动员群众通过志愿服务参与邻里互助、移风易俗等活动。四是与党史学习教育融合。新时代文明实践中心(所、站）组织开展“重走长征路 传承红色情”“重温红色历史 传承奋斗精神”等活动，让党员干部体会党的光辉历程。① 各级志愿服务理论宣讲队开展“永远跟党走”宣讲活动，通过文艺演出、观影、讲党史故事等，以“胡同课堂”“楼门课堂”“板凳课堂”等形式，从田间地头到街道家门，推动党史宣讲贴近生活、回应现实、走进人心。至2021年9月底，共开展党史宣讲320余场，累计受众3.3万余人。

三 津南新时代文明实践志愿服务活动工作特色和成效

近年来，作为文明实践活动的主体，津南区志愿服务事业取得了显著发展和成绩。津南区提出了“阵地广、队伍强、活动多、项目优、走基层、抓落实、宣介足、典型亮”的明确的工作目标，在与大数据建设、中心工作、社会治理现代化、乡村振兴、党史学习教育融合上做精品文章，初步形成新时代文明建设和志愿服务事业的“津南模式”，着力在五个方面下功夫。

（一）着力在项目培育上下“细功夫”

津南区把精品项目作为提升文明实践吸引力的有效方法，结合群众需求点，精心梳理打造以学习实践科学理论、宣传宣讲党的政策、培育践行主流价值、丰富活跃文化生活、持续深入移风易俗五项工作内容为主线的特色文明实践服务项目二百余个，开展新时代文明实践志愿服务活动九千余场次。通过精细化服务、规范化实施、情景式融入、积分制奖励等手段，推动新时代文明实践活动常态化，不断增强群众的获得感、归属感。

（二）着力在特色打造上下“硬功夫”

津南区在实现新时代文明实践全域覆盖基础上，创新工作思路、创新工作模式、创新工作机制。本着“人无我有、人有我优、人优我特”的原则，在阵地建

① 津南区文明办：《关于新时代文明实践中心建设的探索》（内部资料）。

设、队伍建设、项目培育等方面,不止于“有”、不止于“多”,扎实做到“优”、充分体现“特”,深入挖掘富有津南地域特色的文化、优势,将新时代文明实践与新冠肺炎疫情防控、绿色高质量发展、社会治理、人居环境整治、党史学习教育等工作深度融合,形成强大的工作合力,把新时代文明实践中心建设塑造成津南的响亮品牌。

(三)着力在完善运转机制上下“巧功夫”

津南区在区、镇(街)、村(社区)三级分别组建工作专班,党委领导、专人负责,确保新时代文明实践中心(所、站)统筹推进、融合联动,持续发力。建立津南区新时代文明实践智库。挖掘新时代文明实践专业社会组织,搭建合作框架,以引进第三方团队专业运营的方式,强化志愿服务孵化培育,促进新时代文明实践阵地高质量、轨道化运转。坚持问题导向,对标对表全国先进地区经验,强化学习交流力度,博采众长、兼容并蓄,提升工作水平,弥补新时代文明实践中心建设工作的工作短板。

(四)着力在整合资源上下“真功夫”

津南区整合少年宫、文体中心、党群服务中心、妇女编织中心等阵地资源,建立1个新时代文明实践中心、11个新时代文明实践所、151个文明实践站,在覆盖率达到100%的基础上,继续盘点区域资源,拓展建设路径,依托图书馆、文化馆、“非遗”中心、国家电网、高职高校、文明校园、文明单位、文明社区、景区景点、菜市场、爱国主义教育基地、公共文体设施、商场、绿屏、便民服务大厅等资源,打造区级新时代文明实践基地(点)57个。用好社区资源,打造实践点、实践角、实践驿站、实践楼门、实践广场等二百余个,构建了点多面广、互联互通、便民利民的文明实践综合体、服务圈,实现文明实践服务群众全域覆盖。依托地缘优势,积极加强与海河教育园高校的共建力度,最大限度地利用海教园高校的资源,携手建立志愿者发展联盟,促进志愿服务事业发展。

（五）着力在服务提升上下“深功夫”

津南区以解决群众实际问题为工作导向，聚焦“一老一小”，建立与基层群众联系密切的沟通渠道，深入基层，面对面听民声、察民情、访民意，针对群众反映的共性需求和普遍性问题，形成项目清单，不断拓展延伸文明实践所（站）服务内容和能力。五年来，为解决群众的实际需求，开展“永远跟党走”等各类群众性主题教育及文化活动十万余场，开展文明礼仪教育、垃圾分类、卫生清理、文明交通等各类志愿服务活动八万余场次。开展心理抚慰、法律咨询、邻里关爱等志愿服务帮扶活动两万余次。特别是新时代文明实践中心建设以来，为方便群众、吸引群众的参与，津南区在路口、道旁等显著位置，制作文明实践指示牌，指引群众到文明实践阵地享受服务；在实践阵地内制作功能室导览图，方便群众按照需求到相应功能室参加活动，构建点多面广、功能完备的文明实践服务圈。津南区通过用心用情做实做深工作，不断提升服务质量。

作为津南区志愿服务重要平台的新时代文明实践中心建设，以行政化动员与社会化动员相结合的方式，组建了各级各类志愿服务体系，丰富志愿服务内容，规范志愿者招募、注册、培训、服务、保障的全流程管理。精准对接服务需求，深化培育接地气、冒热气、有人气的项目品牌。开展系统培训，引导多元投入，加快建立智库。聚焦重点工作任务安排，精细化推进新时代文明实践中心建设，久久为功、善作善成[①]，成果显著。从 2018 年至 2022 年 7 月，津南区共推选出全国最美志愿服务社区 2 个，市级优秀志愿者 5 人，市级优秀志愿服务团队 2 个，市级优秀志愿服务社区 2 个，市级优秀志愿服务岗站 1 个，市级骨干志愿者 1 个，市级骨干志愿服务团队 1 个，市级骨干志愿服务社区 1 个，市级骨干志愿服务岗站 2 个，市级优秀志愿服务工作者 4 人，市级优秀志愿服务项目 3 个，市级优秀新时代文明实践所站 2 个。津南区志愿服务活动成果受到社会关注。2021 年 3 月 5 日的学雷锋日嘉年华活动，在半年左右的时间

① 津南区文明办：《新时代文明实践中心建设汇报材料》（内部资料）；《聚焦“五个着力”，探索文明实践“津南模式”》（内部资料）。

里,在新华社客户端中的新闻报道的阅读量就达七十多万次。2021 年 9 月在《永远跟党走 文明实践看天津》系列直播活动之津南站中,新华社客户端浏览量达到 103.7 万人次。《天津市津南区新时代文明实践中心建设的探索》调研报告经天津市委办公厅建议上报中央办公厅;1 篇案例入选中央文明办《建设新时代文明实践中心"怎么干"》系列丛书,4 篇案例入选《新时代文明实践天津优秀案例集》。同时,涌现了许多新时代文明实践中心建设试点工作的先进典型,双新街的"六优"工作模式,开创了天津新时代文明实践的社区样板。新华社、人民日报、中国文明网、天津日报、津云、北方网、天津文明网等媒体对津南区新时代文明实践建设情况进行多次宣传报道,分享建设经验。

四　津南志愿服务发展面临的挑战

现代社会中,志愿服务事业的作用和价值越来越明显。志愿服务的发展不仅是国家治理现代化的要求,而且对促进社会文明进步的建设也具有重要意义。津南区加强城乡社区治理和服务体系建设,减轻基层特别是村级组织负担,不断完善共建共治共享的社会治理新格局;完善基层民主协商制度,实现政府、居民等各方共同参与的社会治理共同体,在这些规划任务中,志愿服务都可以发挥作用。尤其在城市精细化管理、社会矛盾纠纷调处化解、群众诉求表达、利益协调、应急处置、防灾救灾防疫等事务中,志愿服务可以补充行政服务之缺和市场机制的不足。近年来,津南区志愿服务事业在取得了明显发展的同时,也面临着一些不可忽视的挑战。

(一)需要普及志愿观念,激发民间活力

津南区志愿服务事业随着改革开放而发展,尤其进入 21 世纪后进步更快。参与志愿服务事业的既有社区志愿者,也有职工志愿者、青年志愿者、老年志愿者;既有党群组织、社区组织,也有企业组织。要使志愿服务具有内生动力,能够持之以恒,需要提升志愿者和整个社会对于志愿服务价值的认识。志愿者的自愿、自主是志愿服务的前提。中央发布的《关于建设新时代文明实

践中心试点工作的指导意见》提出，由农村基层党组织履行直接组织、宣传、凝聚、服务群众的重要职责，充分发挥党员先锋模范作用，同时指出要“有效调动广大农村群众自我教育、自我提高、自我服务的积极性主动性，整合社会各方面力量建设一支群众身边的志愿者队伍，因地制宜开展经常性、面对面、农村群众喜闻乐见的文明实践活动”，即基层党组织、党员发挥应有作用的同时，还需要群众积极主动的志愿服务推进文明实践活动。发掘志愿服务的理论意义、精神价值，并且广泛传播，让更多人知晓、接受，成为社会意识的一部分，转变为志愿服务的动力，才能保持志愿服务的持久性。

（二）需要提高志愿服务专业化和知识化程度

津南区现有志愿服务内容众多，大致可以分为以下几类：一是社会秩序维护类。例如居民矛盾调解、巡逻和值守、道路交通秩序和医疗秩序等公共秩序维护。二是上情下达类。例如政策宣传、劝导移风易俗、卫生监督等。三是社区为民服务类。诸如理发、环境清整、电器修理、义诊、垃圾分类、老人小孩陪伴等。四是知识技能传播类，像手工艺编织、刺绣，法律知识、文史知识、健康知识、急救、歌舞等讲座教学等。① 总体来看，这些志愿服务不少是过去“学雷锋，做好事”一类活动的延续，知识性主要体现在法律、医疗咨询，急救技能培训，文史知识讲座等。相对于时代发展要求来说，这类活动已经不完全能够满足群众的需求。改革开放以来，我国社会已经发生了巨大而深刻的变化，志愿服务需要在内容上增加知识性、多样性，例如智能化给老人、文化水平较低的人造成困惑，语言不通的外国人在本地生活困难等，需要提供帮助。家庭生活技能中包括家政技术、营养知识、食物收藏、加工技术，在社区中参与自治的能力，还要有信息搜集、辨别能力等的提高，都有志愿者的用武之地。志愿者的结构、志愿服务的组织方式与社会的变动合拍，才能更好地实现志愿服务事业

① 《亮出“金点子”议出“好主意”——津南区双新街创新社区治理推进新时代文明实践不断走向深入》，天津发布，2020 年 11 月 27 日访问，https://weibo.com/ttarticle/p/show?id=2309404575790820884828&sudaref=www.baidu.com。

的发展。

(三)需要加强信息网络建设

信息化可以提高志愿服务效率,因此,建立健全区、镇(街)、村(社)等各级志愿服务人员、组织、项目的供需沟通平台,让有志愿服务意愿的人及时了解需求在哪里,让有临时帮助需求的人方便地找到求助的方式、求助对象,这是非常重要的。或许可参考邮政、治安管理等属地组织方式,建立更适合当前社会发展需要的基层志愿服务信息网络。

五　进一步推进津南志愿服务发展的建议

展望未来,津南区有进一步发展志愿服务事业的良好条件。津南区是海河教育园、国家会展中心(天津)所在地,是天津市大学生集聚区,拥有天津市内发展志愿服务事业独一无二的资源。青年是我国志愿服务的主力,其中大学生是志愿者的主要来源。会展事业发展能够带动信息、文化的国际国内交流。党的十九届四中全会首次突出强调"社会治理是国家治理的重要方面",提出"坚持和完善共建共治共享的社会治理制度"①,充分肯定了社会治理的价值,并且指出了建设社会治理制度的根本原则。城乡基层社区建设是社会治理重要方面,正是志愿服务可以发挥作用的地方。《津南区"十四五"规划和二〇三五年远景目标纲要》提出了"推进社会治理现代化走在全国前列"的崇高目标,把"健全志愿服务体系、广泛开展学雷锋志愿服务活动、拓展新时代文明实践中心建设,推进文明城区创建"作为"全面提高社会文明程度"的方式列入了发展规划。只要充分利用积极因素和有利条件,津南区的志愿服务事业一定能够得到更大发展。为此,建议津南区继续在以下方面着力,以促进志愿服务和新时代文明实践活动不断前进。

一是进一步普及志愿服务精神,使其在群众意识中扎根。正如古语所说,

① 魏礼群:《大力推进社会治理现代化》,《学习时报》2020 年 2 月 19 日。

“人之初，性本善”，广大人民群众自古以来就拥有善良等美德，其平时隐没于日常生活中不曾表现出来，在危急时刻往往可以看到。志愿服务的源头活水正是深藏群众心底的善良、助人为乐的道德。应该通过各种方式的宣传教育，与社会主义核心价值观的普及相结合，使志愿服务光荣、有价值成为社会成员的共同观念，这是志愿服务事业持续发展的精神基础。尤其要把“市场经济与志愿服务并行不悖、利己利人可以相得益彰”的关系阐释清楚。

二是进一步加强对志愿者的教育培训，提高志愿者的专业知识和技能。好心热心是志愿服务事业的精神源泉，但现代社会是建立于高度分工基础上的，做好志愿服务仅凭好心热心还不够，还需要现代专业知识和技能。现代社会比较复杂，志愿者必须了解相关法律知识，在奉献自己的同时还得保护好自身，避免风险，减少损失。对志愿者的培训内容应有志愿者文化、相关制度、实用技术（急救技能、家政技能、社会交往礼仪、智能机械应用技术等），培训方式可与职业教育、终生教育结合，在社区开辟教室，鼓励自学，举办知识竞赛等。

三是进一步吸收更多专业人士加入志愿者队伍。经济社会发展很快，科技进步日新月异，社会成员观念、知识更新并不是齐头并进的，参差不齐容易产生社会矛盾。因此，志愿者队伍积极吸收专业人士，改善志愿者队伍知识结构，弥补社会成员之间在观念和知识上的差异裂隙，是社会治理的任务，有利于社会和谐稳定。与百姓生活密切相关的专业知识包括食品安全、疾病防控、住宅安全、心理疏导、法律、创业等，吸收具有专业知识和技能的人才参与志愿服务，促进知识普及和人们生活质量的提高，能够使志愿服务升级。

四是进一步加强志愿服务事业发展的制度保障。任何事业，有序才能持续发展。现代社会是法治社会，津南区志愿服务事业发展，除了国家、天津市的有关条例外，还要重视区级、镇（街）乃至村（居）级每个志愿者组织、团队的行动规则或者章程等方面的制度建设，内容包括处理志愿者之间的关系，志愿者与服务对象、社会其他组织之间的关系等。这是保障志愿服务事业行稳致远的基础。相关章程等需要与时俱进，经常根据经济社会形势发展调整修改。规则是为了保证事业的有序进行，不能成为阻碍事业发展的羁绊。

北辰区志愿服务事业发展实践[①]

牛　磊　天津社会科学院社会学研究所副研究员

摘　要： 北辰区志愿服务事业始终坚持以人民为中心的发展理念，通过“抓体制机制建设，促工作落实落地；抓志愿阵地建设，促资源互通共融；抓志愿队伍建设，促服务规范专业；抓创新活动项目，促精准对接需求”的“四抓四促”方式，努力探索新时代文明实践志愿服务新路径，取得了明显成效。目前，虽然北辰区志愿服务事业在实践中仍然面临志愿者结构和培训体系有待完善、志愿服务内容同质化程度较高、志愿服务数据线上线下有待同步等挑战，但相信北辰区通过壮大志愿服务队伍，加强专项志愿服务培训；丰富志愿服务内容，培育打造志愿服务项目；构建志愿服务网络，规范引导志愿服务活动等举措，肯定会在持续推动志愿服务常态化、长效化探索实践中，续写新时代精神文明建设的华美乐章。

关键词： 北辰区　志愿服务　“四抓四促”方式　“五常五送”工作法

志愿服务是推进精神文明建设、推动社会治理创新、解决群众实际困难、维护社会和谐稳定的有效抓手和重要力量。北辰区认真贯彻落实习近平总书记重要指示精神，根据《志愿服务条例》《天津市志愿服务条例》精神，先后以区文明委名义制定并实施了《北辰区志愿服务管理办法》《2019 年北辰区推进志愿服务制度化工作安排》《关于深入开展 2020 年学雷锋志愿服务活动的安排意见》《北辰区志愿服务工作协调小组及其办事机构工作规则》《北辰区平

① 本文部分资料得到北辰区精神文明建设委员会办公室的支持，特此感谢！

战结合应急志愿服务管理办法》和《北辰区2022年新时代文明实践志愿服务培训工作安排意见》等相关文件。北辰区在踔疾步稳地开启新时代文明实践志愿服务的过程中,始终坚持以人民为中心的发展理念,大力推进志愿服务常态化,着力强化社会责任意识和奉献意识,使全区新时代文明实践志愿服务工作成效明显。

北辰区在机遇和奋斗的叠加中迎来了收获的叠加。北辰区于2019年10月,成功入选全国第二批新时代文明实践中心名单,同时确定为2018—2020年创建周期全国文明城区提名城区。在2020年全国文明城区测评中,北辰区以直辖市第三名的总成绩获得全国文明城区称号。其中,创新实施的"'五常五送'联系群众工作法"入选中央文明办编写的《建设新时代文明实践中心工作方法100例》,并在全国推广。北辰区新时代文明实践志愿服务不仅提升了群众的幸福指数,而且多重叠加释放更大效应,推动精神文明建设跃上了新台阶。

一　北辰区志愿服务发展概况与成效

北辰区依托天津志愿服务网,在规范注册登记、完善服务记录、强化管理培训的基础上,通过"抓体制机制建设,促工作落实落地;抓志愿阵地建设,促资源互通共融;抓志愿队伍建设,促服务规范专业;抓创新活动项目,促精准对接需求"的"四抓四促"方式,努力探索新时代文明实践志愿服务新路径,取得了明显成效。目前,全区注册志愿服务队伍超过1300支,注册志愿者超过15.8万人,全区有志愿服务时间记录的志愿者人数有十万余人。北辰区形成了"一群人、一件事、一条心、一起拼、一定赢"的人人共建、人人共享的新时代文明实践志愿服务新格局。

(一)抓体制机制建设,促工作落地落实

"文明是一个城市最亮丽的名片,这张名片是有温度、有力度、有情怀的,衡量的最高标准就是老百姓的满意度。"秉持这样的发展理念,北辰区注重抓

志愿服务的体制机制建设,在打造具有地域特色的新时代文明实践志愿服务新模式中勇于创新、敢于争先。

一是健全完善志愿服务管理机制。北辰区因地制宜地制定并实施《北辰区志愿服务工作协调小组及其办事机构工作规则》,明确了区志愿服务工作协调小组及其办事机构的机构性质和机构设置、工作职责和任务、会议制度、工作协调和分工等;明确了志愿服务工作协调小组成员单位的具体工作职责。在组织构架、工作推动、谋划设计等方面的完善将有利于志愿服务工作的落实落细。同时,在志愿服务管理机制的指导下,北辰区顺利完成区志愿服务协会转隶工作。这有利于充分发挥志愿服务协会的指导、协调、调研、规划、统筹作用,共树志愿旗帜,唱响志愿精神;整合社会资源,提升志愿服务项目化运作水平,打破以往的“资源分散、条块分割”现象,形成志愿服务工作合力,不断增强志愿服务团队自身凝聚力和战斗力。

二是完善志愿服务激励反馈机制。北辰区积极打造“保障+激励”型的志愿服务体系,出台并实施了《北辰区新时代文明实践志愿者礼遇十条》《北辰区新时代文明实践星级志愿者认定的实施办法》等。北辰区不仅对志愿者优先获得服务实行礼遇,而且建立了对志愿者进行星级认定的制度,规定:志愿服务累计达到100小时、300小时、600小时、1000小时和1500小时的志愿者,依次认定为1至5星级志愿者。同时,对社区优秀志愿者、优秀志愿服务团队进行层层推荐,区、镇街两级予以表彰命名。2021年,北辰区开展宣传推选区级优秀志愿服务典型工作,选出志愿者、志愿服务团队、志愿服务项目等6类84个先进典型,并择优推荐参评天津市“六个一批”志愿服务典型评选,其中9个典型获评天津市志愿服务“六个一批”,尤其是霞光里志愿服务社区晋级全国“四个100”评选。

三是建立完善志愿服务嘉许回馈制度。为提高志愿者在活动中的基础保障,北辰区自2019年建立为全区骨干志愿者购买保险的嘉许回馈制度以来,连续3年为五千余名骨干志愿者投保意外保险。在社区、村居、学校、公共文化设施等阵地,探索并广泛推广“爱心积分”兑换激励机制。最初在韩家墅村实践站试点建立志愿积分超市,成功实现志愿积分兑换实物奖励,这一做法在全区得到推广。截至2022年末，全区已有积分兑换点310余处，累计开展积分兑换1.73万人次，这极大地提高了群众志愿服务的积极性和参与度。

（二）抓志愿阵地建设，促资源互通共融

首先，切实加强志愿服务阵地建设。北辰区积极推进志愿服务工作站建设，在广泛吸纳会员、志愿服务宣传引导、志愿活动策划、志愿者管理培训、服务需求对接、服务记录和回馈等方面做了大量的工作，为志愿者、服务对象和服务项目有效对接搭建了良好平台，取得了明显成效。一是注重从全区企业、教育、文化、卫生、社区、慈善等不同领域，广泛吸纳各行各业优秀志愿者及志愿服务代表，比如慈善企业家、帮助困难儿童的爱心妈妈、社区传统文化传承人、优秀社工、教师、妇女代表等。二是充分利用各媒体平台，加大宣传力度，让百姓了解、关注、支持并积极参与到志愿阵地建设中来。注重挖掘突出志愿服务阵地的事迹和优秀人物，选树典型，扩大志愿服务的影响力和知名度，让志愿服务成为流行的时尚、自觉的义务；让"北辰志愿者"成为一种品牌、一种风尚、一种象征，日渐被大家认可。

其次，积极整合资源，建立新时代文明实践志愿服务线下线上平台。北辰区统筹现有公共服务阵地资源，着力推进线下阵地建设。截至2022年上半年，建成新时代文明实践中心1个、文明实践所17个、文明实践站264个。同时，在窗口单位及重点公共场所，广泛设立有人员、有项目、有管理的实践基地26个，实现中心、所、站、基地四级网络全覆盖。构建点多面广、功能完备的"15分钟志愿服务圈"，让"有时间做志愿者、有需求找志愿者"成为现实和常态。北辰区还致力线上创新，设立北辰区新时代文明实践中心数字化管理服务平台，通过一库（科教文体宣资源数据库）、一门户（北辰区新时代文明实践中心便民小程序）、一屏（文明实践实时数据运营管理大屏）的"三个一"数字化工程，使志愿服务资源管理便捷化、志愿服务活动动态清晰化、志愿服务响应迅速化。同时，北辰区新时代文明实践中心便民小程序涵盖信息发布、活动展示、供需对接、积分兑换、点单派单等服务功能，打造了"指尖式"的新时代文明实践志愿服务阵地。

此外,群众最关心的就是新时代文明实践志愿服务建设的目标和方向,群众最期盼的就是新时代文明实践志愿服务建设的价值取向和原创动力。2020年以来,北辰区克服新冠肺炎疫情防控的压力,区财政投资1500多万元,在原区图书馆闲置场地,规划筹备了使用面积600余平方米的区级新时代文明实践中心。其中,集贤里街新时代文明实践所是北辰区抓志愿阵地建设的一个缩影。走进北辰区集贤里街新时代文明实践所,老人食堂、母婴室、日间照料站和心理咨询室等一应俱全。社区老人坐在家中就可享受点餐、理发等20余项服务,通过"红色铃音"手机应用程序就能享有一键式应急救护服务等。

(三)抓志愿队伍建设,促服务规范专业

北辰区结合区域内居民和社区的新增需求,不仅注重推动党建引领、加强志愿服务组织培育、发挥基层党组织在志愿服务组织发展中的领导核心和政治引领作用,而且注重完善合理配置,构建志愿服务四级网络;强化分级指导,注重志愿服务组织培训,从而促使北辰区志愿服务逐渐实现规范化、专业化。

首先,完善合理配置,构建志愿服务四级网络。2020年4月,北辰区积极整合志愿服务队伍,成立文明实践志愿服务总队,区委书记担任总队长,并配置理论政策宣讲、文化文艺服务、助学支教、医疗健身、科学普及、法律服务、卫生环保、扶贫帮困等"8+N"区级志愿服务队伍。在区新时代文明实践领导小组的统筹下,16个镇街开发区成立分队,各镇街开发区、村居园区重点组建"4+N"志愿服务队,在村居和工团妇、科协等群团组织设立251个志愿服务小队,在窗口单位及重点公共场所设立26个实践基地,实现志愿队伍、志愿项目常驻百姓家门口的志愿服务四级网络。总之,北辰区志愿服务组织由种子期逐步向萌芽期、成长期、成熟期发展,通过健全组织架构、完善组织管理制度、制定组织发展路径、提升专业服务能力、广泛动员志愿服务组织参与公共事务和公益事业等,志愿服务的内生力量逐渐增强。

其次,进一步推进志愿服务组织分级指导培训。北辰区根据《关于对北辰区新时代文明实践中心试点建设工作文明实践骨干人员进行培训的安排意见》等的安排部署,在不断强化志愿服务培训,每年各级志愿服务培训覆盖全

区骨干志愿者、团队负责人和管理员800余人的基础上,开展分众式志愿服务培训。结合新时代文明实践志愿服务中心(所、站)进行分众化培训,全区累计组织开展知识传授、技能传习、项目交流等不同形式的志愿服务培训200余场次。尤其是针对社区组织、党员小组开展志愿服务相关主题的能力建设培训,使社区志愿服务小组了解志愿服务原则和对社区发展的意义,进而推动社区志愿服务小组向志愿团队转型,为社区发展做出更多贡献。

同时,注重通过开展志愿服务团队管理辅导、发展规划辅导、服务提升辅导等工作,不断推动志愿服务团队规范化发展,服务不断优化,积极参与社区共建共治,共享社区治理成果。截至2022年末,全区已有理论政策宣讲志愿服务团队41支、文化文艺志愿服务团队90支、助学支教志愿服务团队18支、医疗志愿服务团队10支、科学普及志愿服务团队25支、法律志愿服务团队19支、卫生环保志愿服务团队115支、扶贫帮困志愿服务团队17支、应急支援志愿服务团队43支。这些队伍如一支支轻骑兵,将新时代文明实践之花送进千家万户。

(四)抓创新活动项目,促精准对接需求

首先,注重项目管理,实现精准服务。北辰区以问题为导向,把志愿服务项目的策划、优化当作提升志愿服务水平的有效手段。设立新时代文明实践志愿服务联席会制度,定期召开部门、镇街、志愿服务组织座谈会,积极开展基层调研,摸准服务需求、志愿团队和志愿使命,研究推出新时代文明实践志愿服务中心、所、站志愿服务项目库。对接区文明实践数字化管理平台,积极推动项目库线上运行,真正实现所站“点单”、中心“派单”、志愿者“接单”、群众“评单”项目闭环运行模式。截至2022年末,北辰区推出的区级“新时代文明实践讲+谈”“就在身边”“辰法青年说”“北辰文化志愿者在行动”等45个志愿服务项目已实现线上运行。以区科协“科普星期六”为例,2021年3月,该项目正式纳入区级项目库,通过科普讲座、签名承诺、有奖问答、发放宣传品等形式传递科学文明健康理念。在数字平台运行后,已接到基层所站预约30余次,有效派单15次。

其次,落实活动配送,践行为民宗旨。北辰区在项目化推动志愿服务的同时,在全区范围加大文明实践志愿服务活动配送力度。结合“创文”工作和“四下乡”“我们的节日”等主题实践活动,以区级新时代文明实践志愿服务队伍为主体,开展主题党日、政策宣讲,把党的理论政策送到群众身边;开展“和谐文化大舞台”活动,通过“菜单式服务”,把文艺活动送到群众身边;组织道德模范、新乡贤开展基层巡讲,把乡风文明送到群众身边;开展“走村访企”、健康义诊等专项行动,把幸福送到群众身边。截至2022年末,集中配送文明实践活动300余次,参与志愿服务队伍110余支,惠及群众十万余人次。

近五年来,以“3·5学雷锋日”为契机,北辰区开展以“扶弱济困、法律咨询、关爱留守儿童、关爱空巢老人、关爱残疾人、文体演出”等为主要内容,以及“筑牢防疫堡垒、助力双创攻坚”“周末实践营”等文明实践志愿服务系列活动12,100余场,受益群众46万余人次。其中,2021年上半年,北辰区就组织集中配送活动120次,参与志愿服务队伍一百余支,惠及群众三万余人次;自印发《北辰区关于持续深化精神文明教育,大力倡导文明健康绿色环保生活方式的实施方案》以来,开展“文明健康 绿色环保”志愿服务集中活动三十余次。深入开展爱国卫生运动,清理楼门万余个,清除堆物15吨、小广告近三万张。推进文明交通,开展绿色出行和公交出行等主题宣传活动八十余场,聘请25名文明交通劝导员对主要交通路口早晚高峰进行文明劝导。倡导文明旅游,开展“文明与旅游同行”“文明旅游 为北辰加分”和“低碳出行 保卫蓝天”公益骑行等主题活动三百余场。

最后,创新服务形式,打通宣传服务群众“最后一公里”。截至2022年末,北辰已推出区级文明实践志愿服务特色创新项目41个。例如,北辰区宝翠花都社区居委会里有一面表格墙,许多表格都被涂上了粉色或紫色的色块。这是用来标注居民的情况,粉色代表出租户,紫色代表独居老人。一张表代表一栋楼,一面墙就是一个社区,困难及特殊群体的居住情况通过颜色表示,情况一目了然。宝翠花都社区牢固树立“服务群众马上办”理念,坚持以人民为中心的发展思想和为民情怀,探索出“五常五送”工作法,即“常敲空巢老人门,嘘寒问暖送贴心;常串困难家庭门,排忧解难送爱心;常叩重点人群门,沟通疏导送舒心;常守居民小区门,查防管控送安心;常开休闲文明门,和谐追梦送欢心”,把志愿服务落实到困难群体衣食住行的方方面面和细微之处,让群众幸福指数持续攀升,成为用心用情服务群众的一面旗帜。文明实践活动通过志愿服务形式的不断创新,努力打通宣传群众、教育群众、引导群众和服务群众“最后一公里”。

此外,北辰区还立足传统、不断深挖区域特色文化资源,打造文创产业相融合的文明实践基地。例如:小淀镇国际当代艺术园文明实践基地,就是依托园内8家艺术工作室孵化培育志愿服务项目,打造以红色文化为主基调,非物质文化遗产、手工技艺、美术艺术、文创设计4条一站式“文旅线路”,观众通过欣赏艺术作品、体验手工制作、聆听工坊背后的故事,感受文化传承和创造魅力。鼓励天士力大健康展览体验馆、体育文化产业园、石雕艺术博物馆、国际当代艺术区等文体场所免费向群众定期开放,引导企业回报社会,参与文明实践。实施“一镇街一品牌,一村居一特色”工程,“周末大舞台”“‘非遗’花会展演”“乡村艺术节”“农民合唱节”“海棠文化节”等一系列文化活动品牌应运而生,群众文化生活丰富多彩,有滋有味。

二　北辰区志愿服务发展面临的挑战

近几年北辰区志愿服务事业不断得到发展,但尚处在起步阶段,受多重因素影响,仍面临一些挑战,迫切需要加以分析探索,以期建立具有北辰区特色的志愿服务发展长效机制。

(一)志愿者结构和培训体系有待完善

目前北辰区志愿者的结构还不尽合理。从年龄上看,志愿者中老年人较多,中青年较少;从工作情况来看,退休人员多,在职人员少。这种以老年人和退休人员为主的志愿者队伍,由于其年龄、身体的原因以及知识结构的局限,能够提供的志愿服务很有限,无法满足居民多样化的需求。而且大多数志愿者缺少系统学习与培训,这意味着志愿者在进行志愿服务时只能凭感觉做事,服务的专业化程度不够。倘若长期缺乏系统学习与培训,一方面会导致志愿服务一直停留在简单浅表的层次,容易引起志愿者倦怠;另一方面,志愿者无法获得专业的指导,无法实现自我成长,不利于满足居民多样化的需求。尤其是在志愿服务实际运行过程中,志愿者会遇到很多突发状况,若是没有一定的应急知识储备和良好专业素质,不但帮助不了他人,反而会使自己陷入困境。因此,为志愿者提供科学化、系统化和专业化的志愿服务培训是非常必要的。但北辰区日常对志愿者开展的培训次数较少、内容较为简单,很难为服务对象提供个性化、多样化、系统化的服务。面向志愿者的培训体系进一步完善,使志愿者的服务技术和能力得到有效提升和改进,是目前北辰区志愿服务水平提高面临的一大挑战。

(二)志愿服务内容同质化程度较高

北辰区志愿服务组织的服务内容主要是有针对性地对社区困难居民提供救助;保护社区环境、宣传相关理念;青少年教育问题;老年人养老问题。但是由于志愿服务组织较多,且服务内容大同小异,所以在志愿服务中往往会产生组织间服务内容重合、同质化程度较高的问题。造成服务内容同质化程度较高的原因,一方面是地域的限制。基层本身志愿服务发展空间不大,重视程度不高,参与人数不多,可用资源相对匮乏,留给志愿服务组织发挥空间不多,组织成员只能从事一些简单、表面的志愿服务;另一方面则是社区志愿服务组织需要大量专业对口人才,但志愿服务的无偿性特征难以吸引大量有专业背景的知识人才加入,导致组织只能举办一些简单的志愿服务活动。同质化较高的志愿服务内容让志愿服务组织难以给社会治理提出切实有效的建议,发挥不出应有的功能,进而不利于志愿服务可持续性发展。

(三)志愿服务数据线上线下有待同步

随着社会信息化程度越来越高,志愿服务数据的搜集、统计、上传和共享等变得越来越重要。整合志愿服务数据库资源,可以有利于减少资源浪费,使志愿服务平台运行更加顺畅有力。但目前仍然有部分志愿服务机构和组织使用自己的信息数据库，这使得志愿者信息数据库建设存在一定交叉重叠现象。在实际运行操作中，有部分志愿服务机构的管理人员对于天津志愿服务网和北辰区新时代文明实践中心数字化管理服务平台的操作不熟悉，对于开展的各项活动还不能及时逐条上传或发布。此外，平台数据共享尤其是同步发布活动和时长记录功能还需进一步完善。

三　北辰区志愿服务发展举措及展望

（一）壮大志愿服务队伍，加强专项志愿服务培训

依托街道办事处或社区居委会的组织优势，建立社区志愿服务信息平台，将志愿者的相关信息，如个人特长、提供服务的时间、服务领域、愿意服务的对象等，以及近期的志愿服务项目等统一在志愿服务平台进行登记、发布，并按照供需匹配度进行具体分配，确保供需一致。以此广泛调动居民参与志愿服务的积极性，特别是吸引年轻群体参与到志愿服务中来，优化志愿者结构，提升居民参与率。

同时，继续发展驻区大学等青年志愿者队伍，依据《北辰区志愿服务管理办法》规范志愿者及队伍发展。定期组织区志愿者骨干参与理论知识、专业素质、服务技能等专项培训，确保培训的持续性，鼓励发动各领域专业技术人员为志愿者做指导，根据不同技能和有需求的团队开设志愿者小课堂，传递志愿理念，培训服务技能，提升整个志愿者队伍的综合素质，让志愿服务更加专业化。持续推进理论大众化，充分发挥区级理论宣讲志愿服务队的示范带动作用，继续加强基层理论宣讲队伍建设，依托新时代文明实践中心、所、站三级架构，开展分众化、互动化宣讲。在现有宣讲品牌基础上，继续做好理论宣讲品牌培育工作，做到一所（站）一特色。

（二）丰富志愿服务内容，培育打造志愿服务项目

当前，中国特色社会主义进入了新时期，志愿服务内容应该根据“保持固

定内容,开拓特色服务"的方针,在保留一些本身固有内容(如扶贫、关爱孤寡老人、助学等)的基础上,开展一些适应时代变化的特色志愿服务。比如,成立专门的科普志愿人员,针对网络诈骗、金融理财、青少年教育、国家政策等方面的问题,积极向居民科普,帮助居民理解国家政策,了解社会现状;结合实际招募文化艺术方面有专长的志愿者,不定期举办文化艺术展览和文化艺术汇演,满足居民的精神需求等。

根据各地志愿服务实践,实行项目化运作,以项目带动不仅有利于改变目前志愿服务"乱、松、散"的局面,为居民提供"专、精、优"的高品质志愿服务,全面提高志愿服务质量,也是不断提升居民参与率和满意率的有效途径。为此,应依托新时代文明实践中心、所、站等阵地资源,结合全国文明城区创建重点,继续梳理区级各部门为民服务内容和社会公益组织志愿服务内容,将其固化成为教育、文艺、科技、医疗、法律、健身等与群众生产生活密切相关的普惠性项目,不断丰富新时代文明实践中心、所、站三级志愿服务项目库。重点是在充分调查研究的基础上,设计一批接地气的志愿服务项目,规范项目发布、项目管理、项目资助、项目验收等环节,精心组织开展志愿服务活动,以贴心、便民的公益活动吸引人、教育人,弘扬和践行社会主义核心价值观,以推动志愿服务的规范化、常态化发展。

(三)构建志愿服务网络,规范引导志愿服务活动

北辰区应围绕硬件建设、制度运行、活动开展等环节,整合现有志愿服务信息资源,进一步加强构建横向到边、纵向到底、广泛布点的志愿服务网络体系,不断激发志愿服务组织活力,为全区居民提供法律援助、健康咨询、帮扶救助、文体指导等全方位服务,从而为志愿服务提供及时信息,推动志愿服务资源的高效对接,满足志愿服务双方的需求。争取做到哪里有需要,哪里就有志愿服务。

构建志愿服务网络的工作重点是规范服务方式,提高志愿服务管理的信息化水平,为志愿服务双方提供更好联系。尤其要加强志愿服务平台建设,并尽量专人管理,做好志愿服务活动在网上平台的同步发布工作,确保每名志愿

者的活动时长都要记录在案。各职能部门协调配合，及时解决各志愿组织（团队）遇到的问题。依托天津志愿服务网和北辰区新时代文明实践中心数字化管理服务平台经常性发布各类志愿服务活动，着眼个性化、差异化需求，探索群众亲情互助模式，围绕居民群众之间的守望相助、困境相帮、孤独相望、终老相送等主要内容，组织举办“邻里互助节”主题活动，激发群众互助关爱的朴素情感，引导广大志愿者积极参与。

近年来，积分兑换机制、菜单式服务、个性化定制、15 分钟志愿服务圈等文明志愿服务新形式在北辰区破土而生、遍地开花，逐步形成全民志愿服务新风尚。“为政以德，譬如北辰，居其所而众星拱之”，新时代文明实践志愿服务是服务群众的永恒主题，需要永无止境地自我提升。相信北辰区将进一步加强总体设计，注重制度建设，持续推动文明实践志愿工作常态长效，续写新时代精神文明建设的华美乐章。

武清区志愿服务事业发展实践①

张雪筠　天津社会科学院社会学研究所副研究员

摘　要： 武清区以文明城区创建和新时代文明实践中心试点建设为契机，聚焦群众需求，着力建立健全志愿服务组织领导体系，建设多层次、全方位的志愿服务队伍，多渠道拓展志愿服务阵地，积极开展丰富多样的志愿服务，广泛开展志愿服务宣传，促进了志愿服务工作蓬勃发展。目前武清区的志愿服务仍存在志愿服务"行政化"的倾向，未来武清区志愿服务应该从培养群众的"自愿性"着手，进一步提高志愿服务的水平。

关键词： 武清区　志愿服务　文明实践

志愿服务是加强思想道德建设、培育和践行社会主义核心价值观的重要载体，也是创新社会治理的重要方式。近年来，武清区坚持以习近平新时代中国特色社会主义思想为指导，以文明城区创建和新时代文明实践中心试点建设为契机，聚焦群众需求，着力建立健全志愿服务组织领导体系，建设多层次、全方位的志愿服务队伍，多渠道拓展志愿服务阵地，积极开展丰富多样的志愿服务，广泛开展志愿服务宣传，促进了志愿服务工作的蓬勃发展。

① 本文部分资料得到武清区精神文明建设委员会办公室的支持，特此感谢！

一　武清区发展志愿服务的基本做法

（一）建立健全志愿服务组织领导工作体系

武清区自列入新时代文明实践全国试点以来，遵循建设新时代文明实践中心“1453”的目标定位，搭建组织架构、健全工作机制，按照“党建引领 + 文明实践”模式，全力推动文明实践中心、所、站建设，大力开展志愿服务工作。

一是建立三级志愿服务领导机制。2020 年 1 月，武清区精神文明建设委员会印发了《武清区深化拓展新时代文明实践中心建设试点工作方案》，明确建立区、镇（街道）、村（社区）三级志愿服务队伍，明确各级书记担任各级志愿服务队长，领导组织志愿服务工作。二是建立领导协调机制。2021 年 10 月，武清区精神文明建设委员会印发了《关于成立武清区志愿服务协调小组的通知》，决定成立武清区志愿服务协调小组。组长由区委宣传部副部长、精神文明建设委员会办公室主任担任，明确区委宣传部、区文明办牵头，45 家成员单位各负其责的工作体系，确立协调小组例会、总结报告、典型培育和考核评价 4 项工作机制，有力加强了对全区志愿服务工作的统筹协调和督促指导，形成了完善的志愿服务组织协调工作体系。

（二）建设多层次、全方位的志愿服务队伍

首先，利用天津志愿服务管理平台，推进“互联网 + 志愿服务”管理模式，规范志愿者注册、队伍建设、时长记录、活动发布等流程。目前武清区共有注册志愿服务者十九万余人，注册志愿服务团队 935 支，志愿服务指数长期处于全市“第一梯队”。

其次，动员全社会的力量积极参与，形成了多层次、全方位的志愿服务队伍。一是做实建强志愿服务总队。武清区以“8 + N”模式升级区级文明实践志愿服务总队，面向 45 个成员单位，吸纳党校专业讲师、农业技术专家、文教系统骨干等各层面志愿者 392 人，制作“实践菜单”，每月至少 2 次送知识、送

技术、送服务下基层。二是组建群众身边的志愿服务队。吸纳农村党员、"武清好人""新乡贤""五老"等群体2.8万人,组建镇、村"4+N"志愿服务队3243支,涌现出老党员丁俊岩、书法名家何俊田、老法官门书祥、"红薯哥"王海宝、市级新时代好少年李昊轩等一批"百姓名嘴""优秀志愿者",在宣讲红色故事、开展便民服务、丰富文化生活、倡导文明乡风等方面发挥重要作用。三是用好重点领域志愿服务力量。青年、巾帼和文化、文艺、科技、医疗、环保、司法等重点领域首批成立志愿者队伍24支,推进文明实践在不同领域延伸。四是发展专业志愿者队伍。注重孵化和培育本地志愿服务组织,鼓励项目化管理运营。目前已吸纳30个社会团体、六千余名志愿者加入文明实践队伍,把免费体检、环保宣传、爱心公益等一系列服务项目送到田间地头、送进农家院落,深受群众欢迎。

(三)不断完善志愿服务培训与激励保障机制

首先,加强教育培训,提高志愿服务水平。为进一步提高志愿服务的针对性、时效性和专业化水平,武清区在细分志愿服务队伍类别的基础上,定期组织开展培训活动。近年来,围绕学习《志愿服务条例》《天津市志愿服务条例》《天津市文明行为促进条例》等与志愿服务密切相关的内容,先后组织志愿者代表、骨干开展培训,年均举办30场专题培训会,并号召全区志愿者利用电视、网络、报刊等途径,开展自主学习,引导广大志愿者知晓权利义务和相关纪律,进一步发扬志愿服务精神,提高志愿服务水平。同时,针对不同类型志愿服务队伍,定期分类开展培训,比如,针对新加入的志愿者,进行基本技能和紧急情况应急处置培训,避免出现错误或安全问题;针对文明交通志愿者,开展交通法规、交通安全知识培训;针对窗口单位、公共场馆等场所志愿者,开展文明礼仪知识培训;针对环保志愿者,开展河流保护、垃圾分类知识培训;针对农村志愿者,开展乡风文明、移风易俗等方面的知识培训。通过培训,切实提高了志愿服务专业化水平。同时,与区内各志愿服务组织建立常态化沟通机制,定期为区内各志愿服务组织印制专门学习宣传资料,引导各组织常态化学习志愿服务相关知识。

其次，进一步完善志愿服务激励机制。2021 年 3 月，武清区精神文明建设委员会重新修订并印发了新版《武清区志愿者礼遇办法》，进一步细化完善了一系列措施，包括：志愿服务星级评定规范；志愿者以积分兑换相应礼品；节假日慰问优秀志愿者；推荐优秀志愿者参加区重要活动、重大赛会；对生活困难的志愿者给予相应的生活照顾和物质帮扶；推荐优秀志愿者优先参评市、区道德建设层面先进典型；择优推荐表现突出的志愿者（志愿服务队）参评市级学雷锋志愿服务先进典型等；吸引更多群众积极参与志愿服务活动，创造志愿服务的良好社会氛围。

（四）多渠道拓展志愿服务阵地

首先，提升改造文化公园、图书馆、科技馆等公共场所以及各社区志愿者服务站 120 余个。武清区图书馆、区美术馆、区博物馆等 10 个志愿服务站被评选为“天津市志愿服务 V 站”。

其次，将志愿服务阵地建设有机融入文明实践，在新时代文明实践中心设立志愿服务促进中心，在 720 个新时代文明实践所、站设立学雷锋志愿服务站，基本做到“人员到位、项目到位、管理到位”，实现志愿服务全域覆盖、统筹管理，有效织密全区志愿服务网络，大幅提升群众获得志愿服务和参与志愿服务的便利化程度。

（五）积极开展丰富多样的志愿服务

1. 聚焦需求，服务民生

首先，在文明实践志愿服务中，帮扶贫困群体。推动全部行政村党员与困难群众结对，把更多目光和力量聚焦到空巢老人、留守儿童、特困家庭等群体上。党员干部定期走访，帮照顾、帮跑腿、帮维修，融洽党群“鱼水关系”。

其次，针对“四失”“五类”人员等群体，立足他们的实际困难，采取“一对一”“多对一”“一对多”等形式，组织开展早晚问候、帮扶慰问、关怀陪伴等志愿服务，提升服务“温度”。

再次，先后在春节期间、学雷锋月、爱国卫生月、“五一”期间、“七一”前后等时间节点,聚焦群众“急难愁盼”具体问题,统筹职能单位和社会组织志愿服务力量,启动了以“送温暖”“送文化”“送健康”“送平安”“送新风”和春运“暖冬行动”为主要内容的系列学雷锋志愿服务活动,扶危济困,为群众雪中送炭。特别是针对留津过年的群众,组织区级“8 + N”、基层“4 + N”志愿服务队广泛开展新春拜年、走访慰问、便民义诊、亲情陪伴等服务,营造欢乐祥和的新春氛围。

此外,举办“我为群众办实事”“文明实践夜市来啦”“志愿服务送基层”等系列志愿服务活动 1600 余场,将医疗义诊、法律咨询、心理健康等便民服务“送”到群众身边,惠及群众四十余万人次。

最后,积极参与,助力防控新冠肺炎疫情。新冠肺炎疫情发生之后,各新时代文明实践志愿服务队闻令而动,建立疫情防控微信群 381 个,党政机关、村街、社区三万余名志愿者投身抗疫一线。志愿者遵从防疫指挥部安排,有序参与防疫宣传、秩序维护、引领登记、信息排查等具体工作,以“志愿红”守护群众“健康绿”,保障群众过好“安全年”“健康年”。全区参与助力核酸筛查的志愿者达 3.4 万余人次。武清区开通心理咨询热线、心理健康课程,提供心理疏导志愿服务,累计接待 70 人次。

2. 规划突出特色项目

细化需求,着眼长远,武清区谋划设计了一批针对性强、热度高、具备本地特色的志愿服务活动,比如针对乡风文明的“美丽乡村,文明实践”等活动,针对环境保护的“绿色农田卫士”“河流守望”“环保体验营”等活动,针对文明行为劝导的“文明礼仪伴我行,志愿服务树新风”“拯救斑马线”等活动,针对文化传承的“诵中华经典,建文明武清”等活动,针对社区服务的“双认促双创——小巷管家”“益暖武清,志愿服务社区行”“多城联创,共建共享”等活动。每年开展活动千余次,赢得了群众好评,在全区营造了浓厚志愿服务氛围。

3. 打造志愿服务品牌,提升志愿服务效能

为进一步增强志愿服务的吸引力、感召力,武清区始终注重打造志愿服务品牌工作。首先,宣讲项目有声有色,深挖本土红色资源,相继推出“总书记到

我家”“老兵故事汇”“一个人的剧场”“听丁爷爷讲故事”“银杏树下学党史”“崔黄口枪声”等40余个优秀志愿服务宣讲项目，用武清故事讲好党史故事。2021年，为庆祝中国共产党成立100周年，紧紧围绕“永远跟党走”主题，推出“百村百站讲党史”“百首村歌献给党”“百米长卷绘盛世”“百部经典登银幕”“百堂音乐思政课”“百场主题文艺宣讲进基层”“百万志愿服务大行动”“七个一百”系列主题活动，有效运用故事宣讲、音乐宣讲、曲艺宣讲、电影宣讲、绘画剪纸宣讲、便民服务宣讲等“N＋宣讲”形式，构筑“大宣讲”格局，形成品牌化引领，累计开展各类活动、展览近六千场，辐射群众92.6万人次，助推党史学习教育全面覆盖、连贯有序、梯次升温。其次，整合扶持“河流守望者”“环保体验营”“美丽乡村”“拯救斑马线”“文明小当家”“文明餐桌”“五彩雍阳”等40项品牌项目，倡导绿色环保理念、培育健康生活方式。最后，启动并推进2021年武清区志愿服务“微创投”项目大赛，“健康舞起来”“雍阳往事——拍摄武清非物质文化遗产”“爱伴童年，与新时代同成长”等三十余个项目踊跃申报，有效提升全区各类志愿服务组织活跃度、影响力和吸引力。

（六）广泛开展志愿服务宣传

武清区同步开展全媒体宣传，扩大志愿服务影响。发挥区“两台一报”等传统媒体与“美丽武清”“文明武清”等移动新媒体作用，构成立体传播网络，共同发力，推送志愿服务各类活动信息和热点事件。近年来武清区连续报道“传承非遗文化，培育文明之花”、妈妈管护队、蓝天救援队等品牌项目、活动和队伍，“美丽武清”“文明武清”等官方微信公众号开设“志愿花开 五彩雍阳”专栏，报道第四届志愿服务文化节暨“五彩雍阳”志愿服务大行动启动仪式，两万余名网友观看、点赞。武清区不断提升武清志愿服务品牌美誉度、知名度，推进各类志愿服务项目常态化开展。全区1600块电子屏滚动刊载志愿服务主题宣传图片、优秀志愿服务团队和志愿者事迹等，农村“大喇叭”、社区和公共场所“小喇叭”播出“郭明义”等新时代雷锋故事，全域营造了“雷锋精神，人人可学；奉献爱心，处处可为”的浓厚氛围。

总之，目前武清区的志愿服务工作已经建立了比较完善的组织体系、运行机制,在社会治理中发挥着日益重要的作用。而随着科学技术的进步与发展,武清区志愿服务的数字化水平也在不断提高。按照“互联网+‘点、派、接、评’”的工作思路,武清区上线“文明银行”小程序,活动发布、需求认领、时长记录、积分兑换、服务反馈等功能一目了然,可以预见,随着志愿服务信息化、数字化水平的不断提高,武清区的志愿服务工作的常态化、精准化、便利化、品牌化水平也会不断提高。

二　武清区志愿服务案例分析

当前,武清区志愿服务活动类型和发展模式朝着多元化的方向发展。下面以武清区品牌志愿活动为例,从社区志愿与文明实践相融合、社会多方参与等角度对两个个案加以分析。

首先是社区志愿服务与文明实践相融合的模式。代表案例是“美丽乡村文明实践”活动。该活动是武清区“文明风尚”志愿服务项目之一。其以“新时代文明实践站”为阵地,由志愿团队协助各文明实践站发展本地特色、整合本地资源、服务本地人民,带领爱心企业及单位,通过“文明宣传”进乡村、“便民服务”进乡村、“缤纷课堂”进乡村、“法律服务”进乡村、“健康天使村村行”“亮晶晶小卫士”等系列活动向村民普及文明理念,推进移风易俗,相关理念深入人心,同时为村民提供全面多元的服务,促进城乡资源共享,使乡村建设获得更好的群众基础,为实现“乡风文明、村容整洁、生态宜居、生活多元”的武清新农村助力。项目自实施以来,已走入全区24个乡镇,开展七十余场活动,惠及8700余人。

其次是武清区重点打造的文明交通志愿服务活动品牌。该活动构建起了完整、成熟、高效的联动机制,吸纳社会各方力量广泛参与,已成为武清区持续时间最长、辐射最广、影响最大的志愿服务活动,成为武清区培育和践行社会主义核心价值观、推动全国文明城区创建的一张“城市名片”。活动累计组织文明交通志愿服务活动近六千次,参与活动志愿者五千余名。武清区开展“文明交通专项行动”,招募文明交通志愿者4500名,不畏严寒酷暑,每天在城区重要路口,配合交警进行交通引导,劝导不文明行为三千余次。开展“拯救斑马线”行动,组织18支志愿服务队,在城区道路有斑马线的122个路口和路段劝导礼让斑马线近三千次,劝导、制止不文明交通行为2000余次;开展文明交通志愿宣传活动,组织交警走进校园、社区和公共场所开展文明交通宣传教育,制作60面展板巡展80场,发放资料20万份,征集文明交通文章2600篇;开展文明交通随手拍活动,通过媒体发动市民为文明行为点赞,对不文明交通现象予以曝光,一千余名市民提供了不文明交通行为线索,3.5万余名市民参与点赞活动。文明出行、遵守各项交通法规已成为武清市民的自觉行为。

三　武清区志愿服务面临的挑战与不足

经过多年的工作与努力,武清区的志愿服务取得了良好的成绩,但仍存在一定不足与问题。具体而言,主要表现在以下两个方面:

(一)志愿服务发展水平需进一步提高

目前武清区志愿服务的发展水平与建设“京津明珠幸福武清”的总体要求仍有差距。志愿服务的蓬勃发展对健全和完善现代社会服务体系具有重要的作用,一定程度上,志愿服务与政府服务、市场服务共同构成了现代社会服务体系。高质量的社会发展,必然要求高质量的志愿服务。但目前武清区的志愿服务发展水平与武清区整体社会经济发展的要求还有一定的差距,主要体现在非营利组织、慈善组织、非政府组织数量和质量仍不满足发展需求,在助力城乡社会治理过程中,志愿性和公益性活动的比重有待提升。

(二)志愿服务的行政化倾向未能很好地满足社会化发展要求

自愿性是志愿服务的核心要素之一。没有自愿便不能称其为志愿服务。只有以自愿性为基础,志愿者才能在自我的满腔热情和道德良心的驱动下,不计报酬,通过不同的方式奉献自己的时间、知识和技能,充分发挥主观能动性,为帮助他人、改善社会提供服务。目前,武清区志愿活动主要由行政力量推动,志愿者本身的积极性、主动性并没有充分体现出来。武清区志愿服务在实现较高程度的社会化参与、社会化组织、社会化服务、社会化运作等方面仍然任重道远。

四 进一步提升武清区志愿服务工作的对策建议

虽然武清区的志愿服务在整体上有了长足的发展,但民间志愿服务的内生动力仍然不足,因此今后工作的重点应当从培育群众的"志愿自觉"着手,处理好"政府"与"社会"的关系,促进武清区志愿服务提质增量。志愿服务作为有别于政府与市场的第三方力量,"自愿性"是其发展的核心。在经济市场化的过程中,政府职能转变让渡了部分经济和社会管理职能,为社会力量参与社会管理提供了机会,志愿服务正是在这样的背景下不断发展壮大。但是受到"制度惯性"的影响,志愿服务在某种程度上被简单工具化,成为政府基层管理的方法与手段,"被志愿""行政化"现象时有发生,而"民间的、内生的"志愿服务则发育不足。如何构建"政府与社会"的关系是志愿服务必须面对的现实和理论问题。而一些成功的案例表明,在志愿服务中,政府与社会的关系并不是简单的此消彼长,而是一种良性的协同合作,共同成长。所以,推动武清区志愿服务的发展,要进一步推进政府转变职能,通过多种手段,促进群众积极自觉参与志愿活动。

(一)进一步完善领导协调机制,促进多方参与志愿服务

目前,武清区已经建立了较为完善、健全的志愿服务领导协调机制,形成了政府各个部门齐抓共管的局面,但是群众的参与积极性仍有待提高。因此,需要进一步完善领导协调机制,促进域内的企事业单位、社会组织以及群众积极参与志愿服务。建议建立武清区志愿服务联合会,进一步健全志愿者工作的组织领导机制。充分履行"引领、联合、服务、促进"职责,发挥"社会力量"的作用,促进武清区志愿服务的"社会化"。通过拓宽志愿服务领域,加强志愿服务宣传,提升志愿服务吸引力,使群众能够真正体会到志

愿服务“赠人玫瑰，手有余香”的魅力，从而吸引更多的群众自觉自愿地参与志愿服务。

（二）进一步完善多层次志愿服务激励机制，激发群众参与热情

从志愿动机与需求出发，建立相应的激励机制是提升志愿者“内生性”不可或缺的一部分。为了进一步激发群众参与志愿服务的热情，武清区应当从以下几个方面进一步完善志愿服务激励机制。首先，做好志愿者调查。根据志愿者需求及意愿并结合志愿服务项目的需求，做好志愿者与服务项目的对接协同，最大限度满足志愿者的精神需要，发挥志愿者的特长，提高志愿服务效能。其次，扩大激励范围。在推荐优秀志愿者参与各种国家、市及区级评选同时，鼓励基层单位及志愿服务组织积极开展丰富多样的激励活动，使志愿者能够及时收到各种积极的反馈，激发志愿者不断参与志愿服务的热情。最后，建设志愿服务实体“文明银行”。通过文明银行，志愿者可以将参与志愿服务的时长转换为积分进行记录和存储，利用线上微信小程序和线下实体阵地，共同提供物品礼遇、服务兑换、政策咨询、权益保护等服务。线下的实体“文明银行”同时具备展示志愿者风采、接待团队注册、发动群众参与、协助设计活动等功能，以此树立“德者有得、好人好报”的良好导向，激励更多热心群众参与志愿服务、弘扬志愿精神，为文明武清建设聚势赋能。

（三）进一步发挥模范带动作用，打造文明实践典型培育工程

武清区应积极发挥模范带头作用，通过典型案例带动志愿服务的蓬勃发展。推进新时代文明实践“三个一百”典型培育工程，即每年评选“百团先锋”100 支优秀志愿服务团队、“百强示范”100 个优秀文明实践阵地、“百花齐放”100 个优秀志愿服务项目。通过全面复制推广“韩村经验”，为新时代文明实践和志愿服务打造更多“头羊”和“新星”，进一步发挥示范带动作用。

宝坻区志愿服务事业发展实践

宝坻区精神文明建设委员会办公室
宝坻区新时代文明实践中心办公室

摘　要： 宝坻区自列入新时代文明实践全国试点以来，挖掘潜力优势，遵循建设新时代文明实践中心“1453”的目标定位，提出“学思想聚民心、讲政策赢民心、兴文化润民心、传美德暖民心、树新风育民心”的“五心”实践理念，全力推动文明实践中心、所、站建设，助力乡村振兴和全面小康，通过不断强化志愿服务组织领导、完善志愿服务制度规范、提升志愿服务阵地建设、扎实开展志愿服务活动、创新志愿服务宣传方式、强化志愿服务品牌建设和深化志愿服务顶层设计，广大群众焕发出奋发有为的精神面貌。宝坻区在水韵、绿意、稻香、蓝天中展开一幅新时代文明实践的生动画卷。但是宝坻区志愿服务专业化、精准化水平亟须提高，志愿服务活动的本土特色有待创新，群众参与志愿活动的内生力量有待增强。未来宝坻区将坚持高起点谋划、高标准推进、高质量落实，高标准建设阵地，打造志愿服务的“宝坻样板”，高水平组织队伍，探寻志愿服务的“宝坻路径”，高质量开展活动，提炼志愿服务的“宝坻经验”。

关键词： 宝坻区　志愿服务　文明实践

志愿服务是社会文明进步的重要标志，是加强精神文明建设、培育和践行社会主义核心价值观的重要内容，也是新时代文明实践中心建设的主要活动形式。宝坻区按照市文明办和区委区政府等部门的要求，以创建全国文明城区为契机，以宝坻区新时代文明实践中心为依托，大力推进志愿服务工作。自

2019 年 10 月被确定为全国新时代文明实践中心试点以来，宝坻区认真贯彻落实中央、市委决策部署，坚持问题导向、目标导向和效果导向，聚焦“学思想聚民心、讲政策赢民心、兴文化润民心、传美德暖民心、树新风育民心”的实践理念，弘扬“奉献、友爱、互助、进步”的志愿服务精神，在发展中努力探索志愿服务“宝坻路径”，完成好新时代文明实践的“宝坻答卷”。

近年来，宝坻区新时代文明实践中心建设工作卓有成效，文明实践志愿服务各项活动扎实有序开展，志愿服务水平稳步提升，文化示范引领作用持续凸显，社会主义核心价值观进一步弘扬，意识形态领域发展态势良好。“有时间去做志愿者，有困难找志愿者”已经成为宝坻人的新风尚，志愿者的身影遍布在宝坻的大街小巷，这道亮丽的风景线正在慢慢被放大成文明宝坻的新名片。

一　宝坻区志愿服务发展概况与成效

（一）强化志愿服务组织领导

一是成立三级志愿服务队。区委常委会专题研究试点工作，审议通过《宝坻区全国新时代文明实践中心试点建设工作方案》，明确三级书记分别任中心主任、所长、站长和三级志愿服务队队长，并以区委办（津宝党〔2020〕1 号）文印发全区贯彻落实；成立区委负责同志牵头的领导小组，明确 74 个成员单位，定期召开协调推动会议，研究重难点问题；建立区级领导联系街镇制度，区委常委会要求所有区领导每月深入各所站指导试点建设；区委历次大会均强调结合融入统筹抓好试点建设工作，形成了三级书记带头抓、多部门齐落实志愿服务的工作态势。二是纳入重点工作考核。区委主要负责同志统筹谋划、靠前指挥，多次深入村居站点调研指导试点建设，并以党员志愿者身份积极参加基层文明志愿服务实践活动；将志愿工作纳入区委重点工作考核，纳入各部门、各单位意识形态工作责任制落实情况监督检查，有效推动工作落实。

(二)完善志愿服务制度规范

一是志愿服务结对共建制度。建立结对共建制度,领导小组成员单位与24个街镇结对共建“五个一”项目,在工作力量、资源、项目、经费等方面进一步向基层下沉,指导支持街镇试点建设;整合区直单位理论文化、科普教育、体育健身等方面师资力量,打造文明实践项目,制定了《宝坻区新时代文明实践志愿服务菜单及点派单规定》;建立督查考核制度,每周组织工作人员深入各村居开展督导检查,并将检查情况及时公布,督促各单位落实主体责任。二是建立志愿服务奖励办法。探索完善志愿者礼遇措施,建立《宝坻区志愿服务礼遇制度》,设立17个志愿服务礼遇试点单位,积极面向社会各行业、各系统募集志愿者礼遇资源,进一步促进志愿服务规范化发展。同时,逐步探索建立了包括“新时代文明实践周”“培育打造文明实践精品项目规范”“优秀志愿者(组织)推选表彰办法”等一套工作规章制度,有效推动了试点工作。

(三)提升志愿服务阵地建设

一是实现阵地全覆盖。宝坻区依托党群服务中心,汇集了全区各类阵地资源,包括会议室、多功能活动室、各类体育场地、教育设施、展览馆等,推动阵地资源的网络化,供广大群众预约使用,让各类资源用起来,解决单个所站阵地不足问题。宝坻区共打造24个街镇实践所,746个村(社区)实践站,“100 + N”个实践基地(点),其中122个区级实践所站(每个街镇5个),已实现了区域全覆盖。二是推进阵地提质升级。宝坻区按照中央、市委建设要求和全国创城测评体系指导手册的硬性规定梳理出10项建设标准,依托现有资源,打造服务群众的15分钟服务圈,每个所站均对标示范所站标准提质升级,区实践办定期检查各阵地建设和结对共建工作情况,推动志愿服务实践落地见效。

(四)加强志愿服务队伍建设

一是深化志愿者影响力。积极引导培育社会志愿服务组织,成立宝坻区志愿服务促进中心,协调指导服务全区志愿服务组织开展工作。宝坻区培育的志愿服务龙头团队“宝坻区一家亲青年志愿服务社”注册志愿者4100余人，长期活跃于宝坻区城乡，为社会发展助力。“胜行大学生志愿团队”蓝天救援“北极星”等30多个社会志愿服务组织蓬勃发展，初步形成了人人参与的良好势头。目前，宝坻区已成立志愿服务队821支，其中特色志愿服务队40支；注册志愿者14.88万人，已经达到区域常住人口的20.3%，全区的党员100%注册成为志愿者，全区机关事业单位的职工100%注册成志愿者，每年骨干志愿者培训达到90%，在职党员每年从事志愿服务时长达到20小时以上，有志愿服务时长的志愿者人数达到注册志愿者总人数的50%以上。二是保障业务培训。加强业务知识学习，宝坻区先后前往北京、延安等第一批全国试点区县和市内兄弟区学习考察，找准切入点，探索宝坻模式；积极邀请全国各地区和市内专家学者组织开展志愿服务培训，推动志愿服务项目化、规范化、制度化发展；组织全区各单位、各街镇观摩学习，互比互看、共同提升。

（五）扎实开展志愿服务活动

一是坚持群众需求导向。坚持把群众的所需所盼作为志愿服务工作的出发点，围绕群众最关心、最现实、最直接的突出问题，策划设计志愿服务实践活动。如组织文明实践站站长结合实际，用大白话、大土话喊广播，用直戳老百姓内心的话，将新冠肺炎疫情防控的最新要求、动态信息等用最直接的方式传达给基层群众，助力疫情防控宣传无死角、信息传播全覆盖；在新冠肺炎疫情期间开通24小时公益心理咨询热线，倾听群众呼声，缓解群众心理压力，助力群众“静”下来；结合村庄实际，围绕“一老一小”设计服务项目，提供做被子、洗衣服、看孩子、理发等志愿服务，满足老幼日常照料需求；组织多部门举办“公益网络直播招聘会”，助力企业尽快复工复产；开展“木兰之家”项目、“朝霞小锣鼓国家级移风易俗”项目等。从群众实际需求出发开展的文明实践活动，真正将“硬”送服务、被动参与的“漫灌式”变成主动点单、乐在其中的“滴灌式”，受到群众广泛好评。二是常态化开展志愿服务活动。围绕宝坻区开展“环境提升年”“党群连心·情暖宝坻”和“我为群众办实事”主题实践活动的总部署，将文明实践与党建引领基层社会治理相结合、与创建全国文明城区相统一、与党史学习教育等相衔接,把党史学习教育纳入中心(所、站)的重要工作,统筹全区志愿服务组织、党员干部、专家学者、百姓名嘴、青年讲师等骨干志愿者,广泛开展主题宣讲志愿服务活动,把讲理论和讲政策、讲道理和讲故事、讲"国之大者"和讲群众利益关切结合起来,推动党史学习教育深入群众、深入基层、深入人心,让群众在春风化雨中感受党史知识的温度、思想的魅力。一方面,持续推动区直成员单位和各街镇结对共建,持续开展"一周一次"文明实践活动。开发"招募令"功能,构建社会志愿服务队与村居所站供需对接"集市",让社会志愿服务团队协助村居开展日常工作,有效破除基层工作人手不足症结;让社会志愿服务团队有"活"可干,解决社会志愿资源闲置问题。另一方面,区实践办每月设计新时代文明实践活动主题,结合创建全国文明城区测评体系指导手册,每月设计新时代文明实践活动主题,结合宝坻区创建全国文明城区工作要点,累计发布了"百年奋进路,永远跟党走"党史学习教育、"新时代文明实践周"创建文明城区、"服务一老一小,关爱困难群体"扶贫帮困、"诚信立身,文明有约"诚信建设万里行、"创建文明城区 共建美丽宝坻"卫生清整、"文明交通 志愿先行"交通劝导等近五十个特色鲜明的主题,每月开展活动800余次,宝坻区志愿服务活动指数连续多月位居全市第一名。

(六)创新志愿服务宣传方式

一是扩大理论宣讲影响力。坚持在志愿服务实践活动中传播新思想,将学习宣传贯彻习近平新时代中国特色社会主义思想融入新冠肺炎疫情防控、党史学习教育、扶贫帮困、乡村振兴、助老爱幼等文明志愿实践活动中,在帮助群众解决实际生产生活问题过程中传播新思想、宣传新理念,潜移默化宣传教育群众;持续提升"理响宝地"理论宣讲品牌,区委宣传部、区委党校坚持深入各村居开展理论宣讲活动,把课堂开到了桃花园、树荫下、田间地头、百姓炕头,激发了群众学习理论的内生动力;利用乡村大喇叭、社区小喇叭新时代文明播报阵地,结合新冠肺炎疫情防控、民族宗教、移风易俗等内容先后录制了115个宣传音频,下发全区746个实践站,按照文明播报的时间段,早、中、晚循环播放。二是提升志愿服务知晓率。亮点做法和成效先后在"学习强国"、新华社客户端、天津日报等各大媒体和《天津市精神文明建设简报》刊发。其中,《聚焦“五心”送服务 + 凝聚力量谋幸福》《解码新时代之战疫》《在继承中创新在创新中坚守——宝坻区村风家风大家谈文明实践纪实》《宝坻区坚持“三个一”,推动试点建设走深走实》《宝坻区以新时代文明实践活动助力未成年人健康成长》亮点做法和工作成效在全市推广。

(七)强化志愿服务品牌建设

一是提高志愿服务品牌建设。2020 年 7 月,宝坻孵化和培育了 93 个品牌项目,其中优秀项目 20 个,试行线下点单服务,“阳光福乐多”的“理发、做被子”项目,妇联的“木兰之家”项目,“北极星”的“科普”项目,卫健委的健康直通车项目等,可供基层点单,目前线下点单 172 次。2020 年 10 月,宝坻区开始施行线上点单,并将市里大资源中心的 300 多个品牌菜单嵌入网站,供基层点单,截至目前,线上点单 320 余次。2021 年,宝坻区对品牌菜单进行更新,形成“100 + N”品牌菜单,优秀品牌项目 28 个,均嵌入网络信息平台,为群众提供精准服务,不断提高服务群众的精准化程度和专业化水平。二是扩大项目品牌影响力。宝坻区积极扶持宝坻区一家亲青年志愿服务社、渤海善行帮扶中心、北极星志愿服务队等社会志愿服务组织发展,先后开展了爱心图书馆、助力高考、助力公考、网上公益招聘会、直播电商培训等志愿服务品牌活动。“阳光福乐多”助残基地项目、“朝霞小锣鼓”移风易俗项目、“十块钱的力量”扶贫助困项目等一批深度参与基层治理的特色项目于 2021 年入选《新时代文明实践天津优秀案例集》。“阳光福乐多”助残志愿服务项目等 3 个项目在全国新时代文明实践培训会上展示交流。《宝坻区新时代文明实践经验集锦》画册、《新时代文明实践在宝坻》书籍等“宝坻经验”相继推出,扩大了宝坻区志愿服务实践的影响力。

(八)深化志愿服务顶层设计

一是加强对志愿服务的管理。稳步推进志愿服务工作,实现志愿服务组织管理的规范化、制度化,充分结合融入各类精神文明创建活动,将文明城区创建、文明单位等系列创建和道德模范先进典型评选表彰融入网络服务平台,发挥各类先进典型积极作用,引导更多群众参与文明实践活动,更好地激发志愿者服务的意愿和积极性。重视对志愿者工作进行科学、合理的规划与计划,充分配合志愿者的时间,从而使志愿者的潜力得到最大的发挥,使志愿服务实现最大效果。二是探索实施志愿服务礼遇工作。建立志愿者礼遇制度,突出示范引领作用,建立了口东老庄子、中医医院等 17 个礼遇试点单位,形成了“爱心超市”“时间银行”等多个礼遇模式,建立了优秀志愿者、优秀志愿服务工作者、优秀志愿服务组织、优秀志愿服务项目评选表彰的工作机制,为 2020 年的志愿服务先进典型颁发了“礼遇卡”。2021 年推选出区级优秀志愿者 64 人,优秀工作者 20 人,优秀志愿服务项目 28 个,优秀志愿服务队伍 26 支,优秀社区 3 个,优秀服务所站、基地(点)10 个,并下发扶持资金 260 万元;完成市级“六个一批”先进典型及全国“四个 100”“最美志愿服务社区”的上报工作,其中,2 名优秀志愿者、2 名优秀志愿服务工作者、2 个优秀志愿团队、3 个优秀志愿所站、1 个优秀“V 站”被评为市级“六个一批”先进典型,宝平街道白鹭湾社区被评为全国“四个 100”“最美志愿服务社区”。宝坻区推动了全社会形成一种学习先进典型、争当先进典型的良好氛围。按照市委宣传部、市文明办的安排部署,策划组织“永远跟党走 文明实践看宝坻”新华社客户端直播活动,浏览量达 1800 万人次,跃居全市五个试点区之首,发挥了试点区的示范引领作用。顺利举办“文明实践我来啦”故事汇新华社客户端直播活动,其中,宝坻区方家庄镇小杜庄村实践站的项目“传承文明实践精神 人人共享志愿服务”在“故事汇”的直播中效果突出,两天内点击量达 66 万人次,被市文明办选入天津文明实践故事汇展项目。

二　宝坻区志愿服务发展面临的挑战

宝坻区志愿服务实践工作总体上取得明显成效,但是与人民群众需求还有一定的距离,这主要表现在三个方面:

(一)志愿服务专业化、精准化水平亟须提高

志愿服务的定位是围绕学习传播科学理论、宣传宣讲党的政策、培育践行主流价值观、丰富活跃文化生活和持续深入移风易俗五个层面开展中国特色志愿服务。但是,在志愿服务过程中,每个领域志愿服务专业化、精细化水平不高,专业化骨干志愿者人才较少,亟须加大对骨干志愿者的培训,并扩大宣传,吸引社会各界专业人才积极参与,成为骨干志愿者。

(二)志愿服务活动的本土特色有待创新

一些志愿服务活动的针对性、趣味性、便利性不够强,存在供需错位的倾向。比如,有群众反映理论宣讲、政策阐释不够通俗易懂,文艺下乡时,他们喜闻乐见的本地戏分量不足,还有家住比较偏远的群众提出参加活动来回不方便,等等,志愿服务在一些地方无法满足群众的这些需要。

(三)群众参与志愿活动的内生力量有待增强

群众既是文明实践成果的受益者,也是文明实践的主体参与者,要让群众拥有参与其中的体验感、乐在其中的幸福感、受惠其中的获得感。但在实际志愿服务中,经常参加的是社区干部和党员,而且由于志愿服务经费紧张,物品发放不足,普通群众注册登记后参与度并不高,活跃度还有待提高。

三　宝坻区志愿服务发展展望

坚持高起点谋划、高标准推进、高质量落实,扎实做好试点建设,把志愿服务工作作为一项长期性、战略性、基础性工作,大胆探索创新、做强特色优势,不断壮大志愿服务,潜移默化地引导广大群众践行文明新风,培育民众理想信念,筑牢民众精神之基。

(一)高标准建设阵地,打造志愿服务的"宝坻样板"

一是要在"谋篇布局"上下功夫。志愿服务依托新时代文明实践中心,力求新时代文明实践站点建设覆盖不同层次,在窗口单位及重点公共场所广泛设立有人员、有项目、有管理的实践基地,实现中心、所、站(基地)三级网络全覆盖,未来五年将全区120所镇级示范站提升至区级示范站,在原有基础上每个街镇再打造5所镇级示范站,各实践所每年打造一个品牌项目,将触角延伸至学校、企业甚至是田间地头,让分布于城乡大地的新时代文明实践站点串点成线,由"盆景"成为"风景"。二是在突出阵地资源优势上下功夫。在标准要求的指引下,因地制宜,盘活阵地资源,丰富新时代文明实践站点建设模式,提升站点功能。相关机关单位依托自身功能优势,高标准打造新时代文明实践站点,注重法律宣讲、安全培训、城市管理、应急救援等,主打"政府服务"模式。新开口镇、方家庄镇、牛家牌镇等具有文化资源的文明实践站点建设结合文化中心、文化礼堂建设,设置历史文化展示、文明实践展示、道德讲堂、农家书屋等,主打"文化家园"模式;口东、潮南、天宝、九园工业园区依托工业园区建设时代文明实践站点,突出做好企业引领、企业文化以及职工管理、劳动权益维护、惠企政策普及等,创新打造"春风入企"品牌,主打"民营企业"模式。三是要在"线上"创新下功夫。打造新时代文明实践中心数字化管理服务平台,通过设立科教文体宣资源数据库、文明实践实时数据运营管理大屏等数字化工程,实现志愿服务资源管理的智能化。

(二)高水平组织队伍,探寻志愿服务的"宝坻路径"

一是完善多元化志愿服务机制。建立多层次志愿者队伍,打造纵向到底、横向到边的志愿服务体系,织密志愿服务网格。以党员干部为核心,以基层群体为主体,吸纳本地道德模范、身边好人、乡土文化人才、科技能人、"五老"人员、新乡贤、创业返乡人员、群众性活动带头人等,建设一批专业化、高品质的志愿服务队伍,精准对接群众需求。二是提升志愿服务的内在质量和水平。打造、提升有影响力的品牌志愿服务团队,从而带动志愿服务队伍整体水平的提高。通过开展专业培训,提高志愿者素质能力,激发志愿服务内生动力,不断提升志愿服务规范化、专业化、科学化水平,不断增加品牌志愿服务团队,在未来五年打造形成60支品牌志愿服务团队。三是充分发挥品牌志愿服务队伍示范引领作用。区品牌志愿服务队伍进入社区,建立社区小分队,推动社区志愿服务活动和物业、社区志愿服务者有机结合,推动小区卫生、文化、环境、治安等治理工作。四是健全保障措施。建立激励体系、加强权益保障、拓宽资金来源,保障志愿服务顺利开展。结合实际,制定印发《宝坻区文明实践志愿服务褒奖激励管理制度》《宝坻区文明实践志愿服务物质保障制度》等,从公共服务优惠、免费保险、技能培训、积分回馈等方面,探索建立文明实践志愿服务激励回馈机制。

(三)高质量开展活动,提炼志愿服务的"宝坻经验"

一是创新理论宣讲方式。让理论宣讲更加符合当前的传播规律,辐射更多群众,将"一时一地"的传统理论宣讲拓展为"随时随地"的网上宣讲,实现理论传播365天不断线。二是优化服务项目。打造品牌服务项目,以问题为导向,结合群众生产生活的实际需要,用群众喜闻乐见的方式开展项目,增强项目的针对性、实效性和吸引力、感染力。三是常态化开展志愿服务实践活动。围绕全国文明城区创建工作,坚持一月一主题,做到志愿服务创建常态化。四是突出以文化人的作用。传播先进文化、涵养红色文化、培育家风文化、改革婚丧文化,对接群众精神生活需求,深入推进志愿服务活动,培育特色文化品牌,铸起城区文明之魂。

(四)高站位促进融合创新,推动志愿服务迈入新阶段

新时代文明实践中心建设,要坚持以全域为整体,打破界限整合,促进优质资源下沉。一是整合阵地资源。整合公园广场、爱国主义教育基地、文化遗址等资源,使志愿服务实践全方位融入群众日常生活。二是盘活服务资源。盘活综合文化服务中心、农村文化讲堂、农家书屋、农民专业合作社、卫生室、调解委员会等现有基层公共服务资源,打造理论宣讲、志愿服务、教育服务、文化服务、科技与科普、健身体育、法律服务“七大平台”。三是融合“云上”资源。统筹推进新时代文明实践中心与融媒体中心建设,充分利用“互联网 +”、新媒体等技术,推动全媒体融合、全流程互动、全域化覆盖,实现平台融通、终端联通、渠道贯通,为志愿服务提供智能支撑。

静海区志愿服务事业发展实践[①]

张　品　天津社会科学院社会学研究所副研究员

摘　要： 静海区重视志愿服务，围绕全区重点工作、重要节日和各部门活动计划，以阵地建设为基础，以群众需求为导向，以活动载体为抓手，科学安排、统筹资源、对接供需，扎实推进志愿服务活动有效开展，通过壮大志愿服务队伍、开展常态化志愿服务、提升志愿服务水平，使志愿服务得到长足发展。不过与新时代对志愿服务发展的要求相比，静海区志愿服务在专业化程度、运行机制等方面还面临一些挑战。今后要围绕提升志愿者专业化素养、开展多样化专业志愿服务、完善志愿服务资金保障机制、丰富志愿服务激励手段四个方面进一步提升志愿服务水平。

关键词： 静海区　志愿服务　文明实践

志愿服务是践行社会主义核心价值观的重要途径，是推进社会主义精神文明建设的重要环节。为深入贯彻落实习近平总书记关于志愿服务工作的重要指示，按照市委宣传部、市精神文明建设委员会办公室工作要求，发挥志愿服务作用，着力把志愿服务贯穿到文明培育、文明实践、文明创建重点工作中，静海区围绕全区重点工作、重要节日和各部门活动计划，以阵地建设为基础，以群众需求为导向，以活动载体为抓手，科学安排、统筹资源、对接供需，扎实推进志愿服务活动有效开展，提升了志愿服务的质量，打通了志愿服务参与社会治理的壁垒，为全区精神文明建设工作提供了有力支撑。

① 本文部分资料得到静海区精神文明建设委员会办公室的支持，特此感谢！

一 静海区志愿服务发展概况

(一)壮大志愿服务队伍

志愿服务队伍是志愿服务的核心载体。近几年静海区志愿服务队伍和规模日益壮大,截至2022年3月,全区有各级各类注册志愿者16万人,志愿服务队伍九百多支,参与志愿服务人次达38万人次。[①] 这主要得益于以下做法。

第一,多种途径鼓励居民积极参与志愿服务。一是广泛宣传。静海区致力于志愿文化的传承与推广,通过宣传栏、公众号、大喇叭、微信群等形式广泛宣传志愿服务活动,弘扬志愿服务精神。二是做好网上信息发布。利用网络信息传播速度快的优势,及时将志愿服务活动通过"天津志愿服务网"进行发布,做好志愿者报名、确认服务时长等线上工作,实现线上线下同步,提升志愿服务活跃度。三是榜样引领。选树志愿服务者典型,包括优秀志愿者、优秀志愿服务组织、优秀志愿服务项目,以及优秀志愿服务社区,在区图书馆、博物馆、文化馆、少年宫等地方打造"静海区先进模范事迹专题展",讲好志愿者的先进事迹,突出先进榜样带头作用,用榜样的力量影响更多居民参与志愿活动,在全区营造向善向好的志愿服务氛围。四是政策引导。2020年,静海区先后制定下发了《关于加强静海区志愿服务队伍建设的通知》《关于全区党员在天津志愿服务网进行志愿者注册的通知》,截至目前,静海区在职党员已全部注册成为志愿者。

第二,紧扣现实需要创建队伍。静海区根据社会发展需求,不断扩充志愿者队伍,党员干部志愿服务队、青年志愿服务队、老年志愿服务队、疫情防控志愿服务队、华彩少年志愿服务队[②]等相继成立。同时,静海区根据涉农区的实

① 孙蒙蒙:《16万"小红帽"奏响志愿服务的"时代交响"》,静海头条,2022年3月7日访问,http://www.jhtoutiao.cn/system/2022/03/07/052401574.shtml。

② 《华彩少年,志愿有我!静海又一支志愿服务队成立》,天津市静海区人民政府网,2022年5月16日访问,http://www.tjjh.gov.cn/jhqzf/xwzx_28970/jhqxx/202205/t20220516_5881519.html。

际，在乡镇（街道）、村（社区）一级广泛动员党员干部、道德模范人物、乡村教师、退役军人、创业返乡人员、乡贤能人等，组建了学习宣传、文化健身、互帮互助、文明风尚等“4 + N”志愿服务队。这些队伍在改善民生、凝聚民心中发挥了重要作用。尤其是新冠肺炎疫情发生以来，静海区按照中央精神文明建设指导委员会办公室《关于在打赢疫情防控阻击战中有针对性地开展精神文明教育的通知》和天津市精神文明建设委员会办公室工作要求，强化疫情防控宣传、突出志愿服务力量，依托新时代文明实践站组建了疫情防控志愿服务队伍，充分发挥志愿者的带头引领作用，为打赢静海区疫情防控阻击战提供了强有力的支撑。

（二）开展常态化志愿服务

第一，依托新时代文明实践所（站）开展志愿服务。静海区新时代文明实践坚持以志愿服务为基本形式，新时代文明实践所（站）是开展志愿服务的重要阵地。目前，全区 383 个行政村和 31 个社区全部建成新时代文明实践站，19 个乡镇街道建成新时代文明实践所。自新时代文明实践所（站）建立以来，各志愿团队积极参与，充分利用新时代文明实践所（站）这一阵地，推动理论宣讲各项工作扎实开展，形成了良好的宣传氛围；各窗口服务单位设立“学雷锋志愿服务岗”，按照标准进行设置；持续推动以供电公司、区医院、海关为代表的 11 家“天津 V 志愿服务站”开展志愿服务活动，搭建服务群众的常设基地，以点带面，形成辐射全区的新时代文明实践志愿服务网。

第二，结合关键时间点开展志愿服务。为更好推动中华优秀传统文化传承发展，静海区聚焦“我们的节日”关键时间节点，在春节、元宵节、清明节等传统节日大力开展有创新、有特色、有掌声的志愿服务活动，包括歌舞小品、书法创作、诗词朗诵等多种形式，致力于弘扬传统美德、培育文明新风。在 3 月 5 日“学雷锋纪念日”，围绕区委区政府的重点工作，开展文明劝导、消防宣传、扶贫济困、节能环保、市民健康、文明创建等志愿服务活动。

第三，打造志愿服务品牌项目。2021 年以来，静海区以新时代文明实践中心为主阵地，结合党史学习教育，广泛开展“万名志愿者服务群众”主题志愿服务活动,参与志愿者达3.2万多人次,受益群众达10万多人,文明新风的影响力持续“升级”。[①] 全区围绕“永远跟党走,我为群众办实事”主题,着力推进志愿服务与各行业、各领域相关业务工作深度融合,打造具有地域色彩、行业特色的志愿服务品牌。诸如供电公司的服务“三农”学雷锋志愿服务活动、检察院的青少年维权志愿服务活动、唐官屯小学的五老志愿者关爱未成年人活动、与爱同行的“爱心黄手环”、静海义工的“用衣暖心”“敬老暖心”尊老爱老志愿服务项目等。在打造“城市型”精品所站过程中,按照“14536”的总目标,以华康街道新时代文明实践示范所为抓手,整合天津中医药大学、天津体育学院、中日合作示范区等优质资源,开展“大健康”志愿服务,培育出“六联共建”“五色花”等志愿服务品牌。各单位新时代文明实践志愿服务队伍开展了包保交通秩序、包保社区治理、包保点位(学校、医院、公园、广场、车站、商超、菜市场等)监管等重点志愿服务活动。这些志愿服务活动在社会上产生了广泛影响,形成了一批具有静海特点、在全市叫得响且有影响力的志愿服务品牌。

(三)提升志愿服务水平

第一,以需求为导向确立服务项目。静海区相关部门密切关注人居环境整治、安全稳定、医疗教育、社会救助等民计民生,围绕群众关心的热点、难点问题,确立志愿服务项目,涉及理论宣讲、便民服务、科普宣传、普法宣传、养老帮老、助学助残、文艺演出、绿色环保、应急救护、文明交通、疫情防控等领域,基本覆盖百姓日常所需。同时坚持问题导向,从群众的身边事着手,开展志愿服务。例如巨家庄村文明风尚志愿服务队积极协调水利部门,为村内疏通上水,改善村内用水质量,让老百姓吃上放心水。此外,巨家庄村互帮互助志愿服务队与镇退役军人服务站和民政部门沟通,积极寻找有关政策,为抗美援朝烈士遗孀申请了生活补贴,解决了实际问题。一些地区还积极探索定向服务

① 杜洋洋、孙萌萌、任海娇:《天津市静海区着力推动志愿服务制度化常态化》,精神文明网,2022年3月22日访问,http://www.jswmw.com.cn/portal.php?mod=view&aid=50288。

的新模式。例如子牙镇三呼庄村采取以“微调研”回应“真需求”的形式,开展发放党群联心卡志愿服务活动,组织党员干部及志愿者走访群众四百多户,发放“党群连心卡”五百余张,解决井盖修缮、道路平整等群众“微小事”200件次,真正做到“有事您说话,服务送到家”。

第二,标准化组建志愿服务队伍。静海区按照“六有”标准建设志愿服务队伍。为志愿者统一制作“红马甲”和袖标,做到有服装、有标识;各支队伍以群众需求为导向,按照静海区志愿服务工作要点,每月月初制定切实可行的活动计划,明确活动时间、内容,同时建立志愿服务活动台账,通过文字和影像资料及时记录活动开展情况,做到有计划、有台账。开设“新时代文明实践”微信公众号专栏,及时宣传推介志愿服务活动开展情况,进一步传递文明实践正能量,唱响志愿服务好声音,同时,定期对志愿服务活动开展情况进行考核打分,评选出优秀志愿服务活动、优秀志愿者和优秀志愿服务队伍进行通报表扬,充分做到有报道、有评比。

第三,以规范提升志愿服务质量。志愿者服务协会是开展志愿服务活动的重要组织平台。静海区志愿者服务协会是在区民政局注册,并在区委统战部、区文明办、团区委、区妇联备案的,由社会爱心人士自发组建的民间爱心公益服务组织。服务协会严格按照国家有关规定组织开展活动,对人员和财务都严格管理,对募集的款项和物资均实行公开透明的管理监督机制,做到登记清、账目明、管理严。静海区志愿者服务协会自成立以来,相继被市文明办、市民政局、团市委、市残联等单位评为“优秀志愿者服务团队”“天津市志愿助残阳光团队”“优秀志愿服务项目”“天津市三八红旗集体单位”“优秀半边天家园”“慈心奉献、善举助人”爱心单位等荣誉称号,此外,还被中华全国妇女联合会评选为全国“巾帼建功先进集体”。在团队活动中,选择志愿者中的党员、干部、社会工作者、教师等担任负责人,牵头制定团队的章程和规范,明确团队的使命和目标,加强团队建设,定期开展专业培训,不断提升志愿服务规范化、专业化、科学化水平。

二　静海区志愿服务发展面临的挑战

近年来,静海区志愿服务活动开展得越来越丰富多彩,得到了长足发展,但与新时代对志愿服务发展的要求相比,仍存在一些差距,在志愿服务专业化程度、志愿服务运行机制等方面还面临一些挑战。

(一)志愿服务专业化水平有待提升

提升志愿服务专业化水平涉及两个方面的内容,一是传授志愿者服务的知识和技能,使其具备进行志愿服务活动的能力;二是开展专业性的志愿服务。这两方面的不足制约了静海区志愿服务的专业化发展。

专业人士缺乏是限制专业性志愿服务活动开展的主要原因。志愿服务不能只靠一腔热忱,许多志愿服务,诸如医疗健康、法律援助、应急救助等领域需要志愿者或志愿服务团队具备专业化的知识或技能才可胜任。当前,从事志愿服务还没有形成广泛的社会共识,志愿者来源渠道不够丰富,突出表现为中老年人多,年轻人参与积极性不高;非专业人士多,专业人士少。尤其是镇村两级缺乏本地专业志愿者,在一些专业技术强的领域还需要从外部引进人才进行志愿服务。这导致志愿者在从事志愿服务时,与某些志愿服务项目要求的专业性还有一定距离,制约了志愿服务效能的进一步提升。

志愿服务的内容和范围很广泛,凡是为社会和他人无偿付出时间、知识、技能、体力等方面的服务,都是志愿服务。其中,体力服务较为常见,除此之外还有不少是需要不同专业能力支撑的服务,如心理服务、社会工作服务、医护服务等。目前,静海区志愿服务主要集中在助老助残、贫困帮扶等方面,常规性的、一般性的服务活动占比较大,专业化的志愿服务数量少、规模也较小,不能满足群众多样化、个性化的需求,也不利于提升社会大众对志愿服务和新时代文明实践活动的认可度。当今社会需求日趋多样,志愿服务不能只局限于一些简单的公益活动,应当积极开拓专业化的服务,但目前静海区专业化志愿服务队伍相对多样化的社会需求还远远不够,这方面的建设还需下功夫。

（二）志愿服务资金保障和激励机制有待完善

资金短缺是影响志愿服务质量的一个重要因素。开展志愿服务活动时，日常管理、人员培训、项目策划都需要资金支持。志愿服务组织作为公益组织，开展活动不赚取利润，无法通过内部机制解决志愿服务组织运行和志愿服务过程中产生的费用问题。“目前，天津市志愿服务保障资金主要来自财政支出，资金来源较为单一，在保证各类志愿服务组织和队伍稳定发展的力度方面稍显不足。”①志愿者队伍很难获得项目启动资金，一些规模大、范围大、影响大的志愿服务活动也因得不到资金支持而无法开展。

激励机制不足，对一些可能存在人身危险的活动缺乏保障措施，这也是制约志愿服务发展的重要因素。志愿服务贵在持久，而实现志愿服务的常态化与可持续发展，建立有效的激励机制至关重要。虽然志愿服务源于奉献和爱心，但仅仅依靠爱心、激情和道德是很难持续的。因此，要注重激励机制的建立，让志愿者在志愿服务中获得回报，感受快乐，从而增强并坚定参与志愿服务的意愿。静海区已经建立起多样化的志愿服务激励制度。一是荣誉激励，主要是评选优秀志愿者，颁发荣誉证书并进行宣传表彰，目的是通过社会给予的精神奖励、荣誉奖励使志愿者感受服务的价值，并产生服务的自豪感。二是物质激励，即物质化补偿。例如团泊镇在团泊洼生活基地社区试点建立了“积分银行”，推出志愿者服务积分激励制度，并开展了积分认定、积分登记、积分兑换等活动。从运行至今的效果来看，“积分银行”的运行、积分存折的发放、积分激励制度的建立，进一步点燃了志愿者的热情，取得了良好的社会效果。静海区志愿服务正处于有序发展阶段，为了拓宽服务范畴、充实服务力量，下一步要创立更多形式的激励措施。此外，权益保障激励也很重要，即使志愿者的合法权益得到保护。志愿者在提供服务时，其人身权益有受损的风险，然而目前，一些可能存在人身危险或意外风险的志愿服务活动缺乏保障措施，志愿者自身合法权益无法得到有效保护，这在一定程度上影响了社会各群体参与

① 靳方华主编：《天津社会发展报告（2020）》，天津社会科学院出版社，2020，第187页。

志愿服务活动的积极性。

三 促进静海区志愿服务发展的对策建议

为进一步巩固志愿服务活动取得的成果,不断壮大志愿服务队伍,提升志愿服务质量,针对面临的挑战提出如下对策建议。

(一)提升志愿者专业化素养

增加专业人才在志愿者中的占比,不断提高志愿服务的专业化程度和水平。

第一,吸引更多的专业人士参加志愿服务。一是要在宣传和社会舆论上下功夫。以群众喜闻乐见的方式、通俗易懂的内容,多层次、多角度地宣传《志愿服务条例》《天津市志愿服务条例》,以及志愿服务优秀典型事迹,使大众明白什么是志愿者、什么是志愿服务精神、什么是志愿服务文化,以及志愿服务的价值和意义。二是志愿服务平台要实现便利化。相比早期个人获取参与志愿服务信息来源的单一性,现在社会群众有了更多的选择,除了社区居委会、村委会等基层的招募,还可通过志愿服务组织、社工机构、基金会等社会组织参与志愿服务;除了纸质公告、宣传栏等,还可通过志愿服务网站、公众号等渠道获得信息。各种平台在登记注册、项目发布、服务记录等方面均要体现人性化、便捷化原则,方便有志愿服务意向的专业人士找到适合自己的项目。三是有关部门、组织和单位制定市民公约、村规民约、学生守则、行业规范时,应当体现志愿服务精神,以吸引更多具备高素质、高学历和具有专业技能的人才参与志愿服务,并留下来组建各类人才聚合的志愿服务队伍,促进志愿服务活动主体多元化,提升志愿服务质量。

第二,对志愿者进行相关专业培训。在活动开展前,对志愿者进行相关知识培训,一方面依据扶贫开发、应急救援、社区建设、安全维护、环境保护、大型活动、社会公益等活动所需专业技能的不同,进行分类规范指导;另一方面,根据志愿者的个人条件和兴趣爱好进行有针对性的专业培训,提升其应对实际问题的能力。在此基础上探索并形成专业人才指导模式,提升整个志愿者队伍的综合素质,让志愿服务更加专业化。

(二)开展多样化专业志愿服务

开展志愿服务活动不能一味强调参与人数、活动规模和重点服务对象,更不能搞形式主义或形象工程,必须针对实际情况实施专业化的志愿服务。实现这一目标,需要发挥组织优势,依据服务需求协调分配志愿者、志愿服务团队以及相关资源。

第一,了解并征集群众需求。鼓励志愿服务队伍带着任务入户调查,主动了解群众意愿。通过动员各驻街单位志愿服务队伍分别与文明实践所(站)结对共建,利用“天津市新时代文明实践信息服务平台”,发现基层群众所需所求,建立需求库。

第二,明确志愿者技能、特长和提供服务时间的信息。志愿服务队伍的成员组成是具有异质性、复杂的,每个人都从事不同的职业或处于不同的生活状态,他们的技能与特长都不一样,这就需要详细登记每一位志愿者的服务能力情况,并做好跟踪记录,及时掌握情况变化。

第三,综合以上信息,建立一个动态更新的志愿服务数据平台。通过平台及时匹配志愿服务需求与供给,有针对性、有实效地设计项目和规划,拓宽志愿服务领域,丰富志愿服务形式,逐步建立志愿服务供需有效对接机制。如此不仅可以使志愿者找准自身擅长的服务领域,做好做精,充分发挥其职业或专业技术特长,还可以使群众获得更加精准、专业和高效的志愿服务。

第四,实施志愿服务反馈制度。相关负责人在志愿服务活动结束后要及时与服务地联系,可以通过调查、走访等方式了解服务对象的满意程度,以此确认志愿服务是否达到目的,如果有问题或不足之处要及时改正,确保服务效果的最大化。

(三)完善志愿服务资金保障机制

第一,争取资金,强化经费保障。要制定政策和保障措施,加大对志愿服务活动的经费投入,建立多元化的资金筹资机制,通过政府合理安排资金、政府购买服务、鼓励社会捐助、设立志愿服务基金、落实财税优惠政策等方式,为志愿服务提供资金保障,使其有序、有效进行。在具体执行中,要合理安排志愿服务所需资金,根据志愿者人数、活动开展情况和组织标准,每年为志愿服务拨付定额资金,确保活动运转、人员培训、办公经费、物质保障等必要性支出。志愿服务组织也要提升项目策划、运作、推广能力,提升自身形象,通过优秀的志愿服务项目和品牌吸引资助者,广泛和企业开展合作。

第二,用好资金,提高资金使用效率。如何开展志愿服务活动,相关部门和组织要全面衡量,科学规划,按照“谁安排、谁使用、谁负责监管”的原则,完善志愿服务类资金监管长效机制、注重资金绩效管理、强化资金监管的薄弱环节,确保资金用到实处。志愿服务经费的管理和使用应当接受志愿服务工作协调机构、有关部门、捐赠者、资助者、志愿者、广大民众的监督,以确保资金使用的规范。此外,还要坚持“有钱能办好事、没钱也能办事”的理念,积极开展盘活存量、利用现有资源进行志愿服务的有益尝试。强化现有基础公共服务阵地资源整合和功能融合,提升活动载体服务集聚效能,按照盘活打通、统筹使用、协同运行原则,打破部门协调等工作条框、机制壁垒,实现资源效能最大化,注重不同工作内容相互融合、相互嵌入,提高公共服务资源综合使用效益,形成倍增效应。加强与民间组织的合作,利用民间组织的资源补充志愿服务的经费与物质设施。

(四)丰富志愿服务激励手段

要提升志愿者数量,激励更多人加入志愿者队伍,就需要更加完善的激励机制。创新既有的荣誉激励,又有物质激励,在此基础上,应探索政策激励、环境激励、主体性激励、保障激励等形式,建立立体化、系统化的志愿服务激励机制。

在荣誉激励方面,继续做好志愿服务优秀典型等相关评选工作。择优推荐参加全市、全国志愿服务先进典型评选表彰,树立更多可亲可敬可学的标杆,发挥导向作用,激发人们参与志愿服务的热情,推动志愿服务工作蓬勃开展。还要综合服务类别、服务时间、服务效果等方面,对志愿服务者进行星级评定。在物质激励方面,完善并推广团泊镇推出的志愿者服务积分激励制度,并积极探索其他形式的物质奖励。在政策激励方面,详细制定有良好服务记录的志愿者在医疗服务、个人信贷、公共出行、公共文化场所、旅游景点等领域的优惠措施,具体包括他们在哪些方面可以享受优惠,以及享受多大程度的优惠。在主体性激励方面,激发志愿者的自主性,在设计志愿服务的活动项目时,综合考虑社会需要和志愿者需要,让志愿者得到内在现实的满足感。在社会环境激励方面,提升志愿者地位,提高志愿者的社会评价和社会认可度,认同志愿者创造的社会效益,在全社会形成"人人尊重志愿者,人人争做志愿者"的良好社会氛围。在保障激励方面,推出志愿服务基本保险。天津市不断健全和完善志愿服务工作体系,目前已经建立起志愿服务保险保障制度,为 3 万名优秀志愿者购买专项保险。① 要在此基础上丰富志愿者保险险种,织密志愿者安全保障网络。推动志愿服务主管机构、保险公司和志愿服务组织间的合作,除政府兜底购买基本险种外,可由志愿服务组织根据实际情况为志愿者购买其他险种。

参考文献:

[1]董放新、童军编著:《志愿服务组织管理》,华南理工大学出版社,2020。
[2]何祎金:《文明实践与当代志愿服务》,社会科学文献出版社,2021。

① 《津城最暖的"一抹红"》,天津市政协,2021 年 12 月 10 日访问,http://www.tjszx.gov.cn/ztzl/system/2021/12/10/030005641.shtml。

附　录

《天津市志愿服务条例》

第一章　总　则

第一条　为了保障志愿者、志愿服务组织、志愿服务对象的合法权益，鼓励和规范志愿服务，发展志愿服务事业，培育和践行社会主义核心价值观，促进社会文明进步，根据有关法律和国务院《志愿服务条例》等行政法规，结合本市实际情况，制定本条例。

第二条　本条例适用于在本市开展或者发起的志愿服务以及与志愿服务有关的活动。

第三条　本条例所称志愿服务，是指志愿者、志愿服务组织和其他组织自愿、无偿向社会或者他人提供的公益服务。

本条例所称志愿者，是指以自己的时间、知识、技能、体力等从事志愿服务的自然人。

本条例所称志愿服务组织，是指依法成立的，以开展志愿服务为宗旨的非营利性组织。

本条例所称志愿服务对象，是指接受志愿服务的自然人、法人和非法人组织。

第四条　本市鼓励、支持和弘扬奉献、友爱、互助、进步的志愿服务精神。

开展志愿服务，应当遵循自愿、无偿、平等、诚信、合法的原则，不得违背社会公德、损害社会公共利益和他人合法权益,不得危害国家安全。

全社会应当尊重志愿者、志愿服务组织及其志愿服务活动。

第五条 市、区人民政府应当将志愿服务事业纳入国民经济和社会发展规划,将志愿服务事业发展经费纳入本级财政预算,加强服务管理能力建设,促进和推动志愿服务事业广覆盖、多层次、宽领域发展。

第六条 市、区精神文明建设指导机构建立志愿服务工作协调机制,负责本行政区域内志愿服务的统筹规划、协调指导、督促检查和经验推广。

市、区人民政府民政部门负责本行政区域内志愿服务行政管理工作。

市、区人民政府有关部门按照各自职责,负责与志愿服务有关的工作。

乡镇人民政府、街道办事处负责组织、协调、推动城乡社区志愿服务。

第七条 工会、共青团、妇联等人民团体应当在各自的工作范围内做好相应的志愿服务工作。

红十字会、慈善协会、残联、科协、文联等团体、行业组织,应当发挥各自优势,推动志愿服务组织发展,支持志愿服务活动。

第八条 本市加强京津冀等跨区域志愿服务的协作和权益保障,共同促进志愿服务事业发展。

第二章 志愿者

第九条 鼓励和支持志愿者依法开展志愿服务活动。

志愿者应当具有相应的民事行为能力。限制民事行为能力的志愿者,经其监护人同意,可以参加符合其年龄、智力、身心状况的志愿服务活动。

第十条 志愿者可以将其身份信息、服务技能、服务时间、联系方式等基本信息,在国家志愿服务信息系统自行注册,也可以通过志愿服务组织进行注册。本市志愿服务信息平台应当为志愿者自行注册提供便利。

志愿者提供的个人基本信息应当真实、准确、完整。

第十一条 志愿者享有下列权利:

(一)自愿加入或者退出志愿服务组织;

(二)自愿选择与其自身情况相适应的志愿服务项目;

(三)拒绝提供违背自身意愿、超出自身能力或者约定范围的志愿服务;

(四)获得从事志愿服务的相关信息、必要的物质条件和安全保障;

(五)参加相关志愿服务培训;

(六)取得志愿服务证明;

(七)对志愿服务工作进行监督,提出批评和建议;

(八)法律、法规、规章和志愿服务组织章程规定的其他权利。

第十二条 志愿者应当履行下列义务:

(一)维护志愿服务形象和声誉;

(二)履行志愿服务承诺,完成志愿服务工作;

(三)服从志愿服务组织管理;

(四)保守志愿服务中接触到的国家秘密、商业秘密、个人隐私或者其他依法受到保护的信息;

(五)法律、法规、规章和志愿服务组织章程规定的其他义务。

第三章 志愿服务组织

第十三条 志愿服务组织可以采取社会团体、社会服务机构、基金会等组织形式,依法向市或者区登记审批部门登记,并接受民政部门监督管理。

不具备独立登记条件的,可以向依法登记的志愿服务组织申请成为其团体会员或者分支机构,也可以向所在地乡镇人民政府、街道办事处备案成为社区的志愿服务组织。

第十四条 市、区志愿服务联合会、协会和青年志愿者协会等志愿服务组织,应当发挥枢纽作用,培育、发展各类志愿服务组织,面向各行业、各领域吸纳团体会员、拓展分支机构,并做好相应的指导和服务。

第十五条 志愿服务组织应当履行下列主要职责:

(一)依照章程和宗旨开展志愿服务活动;

(二)负责志愿者的注册、服务记录等工作,为志愿者无偿、如实出具志愿服务证明;

(三)对志愿者提供志愿服务所需知识、技能的培训和安全教育;

(四)维护志愿者的合法权益,为志愿者开展志愿服务活动提供必要的工作条件和保障;

（五）法律、法规、规章规定的其他职责。

第十六条　志愿服务组织根据志愿服务活动需要，可以向社会招募志愿者，通过志愿服务信息平台或者其他方式向社会公告招募信息，公告的内容应当真实、准确、完整，并告知志愿服务过程中可能发生的风险。

第十七条　志愿服务组织可以根据志愿服务实际需要和自身条件，为志愿者办理相应的保险。

志愿服务组织安排志愿者参与应急救援、大型社会活动、境外志愿服务等可能发生人身伤害风险的志愿服务活动，应当为志愿者购买相应的人身意外伤害保险。保险所需费用由组织方承担，人民政府根据实际给予支持。

第十八条　在志愿服务组织中，根据中国共产党章程的规定，设立中国共产党的组织，开展党的活动。志愿服务组织应当为党组织的活动提供必要条件。

第十九条　志愿服务组织与境外组织合作开展志愿服务活动，应当遵守国家有关规定，不受境外组织的操控和干涉。

第四章　志愿服务活动

第二十条　志愿服务活动范围主要包括：扶贫助困、支教助学、扶老助幼、帮孤助残，社区服务、文化服务、展会服务、赛事服务，生态保护、环境维护、医疗救护、心理疏导，治安防范、交通疏导、应急救援、法律援助，文明宣传、科普宣传、普法宣传、健康宣传，以及其他社会公益服务活动。

第二十一条　鼓励和支持机关、团体、企业事业单位、社会组织等成立志愿服务队伍，开展专业志愿服务活动。

鼓励和支持具备医学、心理、法律、科技、文艺、体育等专业知识、技能的志愿者，开展专业志愿服务活动。

法律、行政法规对开展志愿服务活动有职业资格要求的，志愿者应当依法取得相应的资格。

第二十二条　志愿者可以参与志愿服务组织开展的志愿服务活动，也可以自行依法开展志愿服务活动。

第二十三条　鼓励志愿者、志愿服务组织优先为未成年人、老年人、残疾人和其他有特殊困难的群体提供志愿服务;优先在公共文化设施、交通枢纽场站、旅游景区等人口密集的公共场所提供志愿服务。

第二十四条 志愿者、志愿服务组织、志愿服务对象可以根据需要签订协议,明确当事人的权利和义务,约定志愿服务的内容、方式、时间、地点、工作条件和安全保障措施等。

第二十五条 志愿者、志愿服务组织参加重大自然灾害、事故灾难和公共卫生事件等突发事件的志愿服务活动,应当服从应急指挥机构的统一指挥、协调和管理。

第二十六条 志愿者、志愿服务组织开展志愿服务活动,不得向志愿服务对象收取服务费用,不得从事营利活动或者违背社会公德的活动,不得侵害志愿服务对象的合法权益。

第二十七条 志愿者应当按照约定提供志愿服务,因故不能参加或者不能完成志愿服务时,应当及时告知志愿服务组织或者志愿服务对象;志愿服务组织因故不能完成志愿服务时,应当及时告知志愿服务对象。

第二十八条 需要志愿服务的,在提出志愿服务申请时,应当告知志愿者或者志愿服务组织服务事项的完整信息和安全风险,并提供便利条件。

第五章 志愿服务信息平台

第二十九条 按照国家志愿服务信息系统的规范要求,完善本市志愿服务信息平台,与国家志愿服务信息系统实现志愿服务数据共享与交换,为志愿服务提供注册登记、活动发布、供需对接、服务记录、诚信记载等服务。

第三十条 志愿服务信息平台运营者和管理者应当按照规定管理志愿者、志愿服务组织和志愿服务对象的信息,不得泄露个人隐私和秘密。

第三十一条 志愿服务信息平台应当完善志愿服务供需对接功能。志愿服务组织可以通过志愿服务信息平台发布可以提供的服务信息;需要志愿服务的单位和个人,可以通过志愿服务信息平台提出需求。

第三十二条 志愿服务信息平台应当为如实记录并上传志愿者参与志愿服务活动的项目、内容、时间、评价和诚信等信息提供便利。

任何单位和个人不得伪造志愿服务记录。

第六章　促进和保障措施

第三十三条　各级人民政府及其有关部门、街道办事处应当根据经济社会发展情况，制定促进志愿服务事业发展的政策和措施，培育志愿服务组织的发展，为志愿服务提供指导和帮助。

鼓励企业事业单位、基层群众性自治组织和其他组织为开展志愿服务活动提供场所和其他便利条件。

第三十四条　市、区人民政府或者有关部门对志愿服务典型经验，应当及时予以推广。对在志愿服务事业发展中做出突出成绩的志愿者、志愿服务组织，应当按照有关规定予以表彰、奖励。

第三十五条　有关组织和单位制定市民公约、村规民约、学生守则、行业规范，应当体现志愿服务精神。

第三十六条　学校、家庭和社会应当培养青少年的志愿服务意识，鼓励和支持青少年参与力所能及的志愿服务活动。

教育部门应当指导各类学校开展志愿服务工作，将培养学生志愿服务精神纳入思想品德教育范围，鼓励学生利用课余时间参加志愿服务活动。

高等学校、中等职业学校可以将学生参与志愿服务活动纳入实践学分管理。

第三十七条　区人民政府可以设立公益岗位，招聘社会工作者，从事志愿服务运营管理工作。

第三十八条　自然人、法人和非法人组织向志愿服务组织捐赠财产用于志愿服务的，依法享受税收优惠。

第三十九条　鼓励有关组织和单位依托社区服务设施、单位职工活动中心等建设志愿服务站，为志愿者开展志愿服务活动提供支持和帮助。

第四十条　公共文化设施、交通枢纽场站、旅游景区等志愿者经常服务的单位，应当设置相关设施，为志愿者开展志愿服务活动提供支持和帮助。

第四十一条　本市建立志愿服务时间储蓄制度。

有关部门应当制定措施，为有良好志愿服务记录的志愿者提供下列优待：

（一）在其本人需要志愿服务时，优先予以安排；

(二)城市公交,公共文化设施、体育场馆、旅游景点等场所,实行票价优惠;

(三)医院、体检中心等机构,实行基础项目费用优惠。

第四十二条 鼓励保险机构设置符合志愿服务特点的保险产品,为志愿者、志愿服务组织提供保险服务。

第四十三条 广播、电视、报刊、网站等媒体,应当采取开办专题节目、专题报道、专栏、公益广告等多种形式,开展志愿服务公益宣传,传播志愿服务文化,弘扬志愿服务精神。

第四十四条 违反本条例规定,侵害志愿者、志愿服务组织、志愿服务对象合法权益的,依法承担相应的法律责任。

第七章 附 则

第四十五条 本条例自2017年12月1日起施行。2007年12月19日天津市第十四届人民代表大会常务委员会第四十一次会议通过的《天津市青年志愿服务条例》同时废止。

天津市《关于推进志愿服务制度化的实施意见》

为深入贯彻党的十八大和十八届三中、四中全会精神，深入学习贯彻习近平总书记系列重要讲话精神，全面落实市委部署要求，进一步培育和践行社会主义核心价值观，积极开展全民公益活动，加快美丽天津建设，根据中央文明委《关于推进志愿服务制度化的意见》（文明委〔2014〕3 号）要求，建立健全志愿服务制度，进一步壮大志愿者队伍，完善志愿服务体系，推动志愿服务活动常态化制度化，结合我市实际，制定如下实施意见。

一、充分认识推进志愿服务制度化的重要意义，准确把握推进志愿服务制度化的指导思想

1. 深刻认识推进志愿服务制度化的重要意义。开展志愿服务是创新社会治理的有效途径，是加强新形势下精神文明建设的有力抓手。推进志愿服务制度化，对于推动志愿服务持续健康发展、促进学雷锋活动常态化，对于培育和践行社会主义核心价值观、在全社会形成向上向善的力量，具有十分重要的意义。

2. 准确把握推进志愿服务制度化的指导思想。高举中国特色社会主义伟大旗帜，以邓小平理论、“三个代表”重要思想、科学发展观为指导，深入学习贯彻习近平总书记系列重要讲话精神，尤其是在会见第四届全国文明城市、文明村镇、文明单位和未成年人思想道德建设工作先进代表时的重要讲话和全国精神文明建设工作表彰暨学雷锋志愿服务大会精神，坚持把开展志愿服务与创新社会治理结合起来，与学雷锋活动结合起来，大力弘扬“奉献、友爱、互助、进步”的志愿服务精神，建立完善长效工作机制和活动运行机制，积极构建中国特色志愿服务制度，推动志愿服务活动广泛深入开展，营造我为人人、人人为我的良好社会风尚。

二、建立健全志愿服务制度，切实提升志愿服务规范化科学化水平

3. 认真做好志愿者招募注册和志愿服务团队的登记管理。(1)要依托天津志愿服务网，坚持以需求为导向，根据群众的实际需要，由城乡社区、志愿服务组织、公益慈善类组织、社会服务机构等，及时发布志愿者招募信息，根据标准和条件吸纳社区居民参加志愿服务活动。凡年满十八周岁，身体健康、具有志愿服务意愿和服务技能的个人均可通过天津志愿服务网或到居住地所在的社区学雷锋志愿服务站领取表格注册成为志愿者，对已满十四周岁未满十八周岁的未成年人，在注册时须经其监护人同意。志愿服务注册以居住地为标准，个人注册归属地要细化到具体社区。力争在两年内使注册志愿者人数占到常住人口的15%以上。经社区学雷锋志愿服务站等基层单位审核确认的志愿者，为其颁发电子版《天津市志愿者证》及专属二维码，作为参与志愿服务活动，进行志愿服务记录的唯一标识。纸质版《天津市志愿者证》可根据实际需要通过学雷锋志愿服务站领取。(2)志愿服务团队由志愿者依法依规发起建立，在志愿服务网填写表格进行登记。在登记时，应依其上级志愿服务管理单位，确定志愿服务归属关系。志愿服务团队应公布志愿服务范围和联系方式。支持优秀骨干志愿服务团队成立志愿服务团队联盟，逐步实现社会志愿服务团队的自管、自律。

4. 强化志愿者培训管理。要坚持培训与服务并重的原则，依托城乡社区、志愿服务组织、公益慈善类组织、社会服务机构和行业协会、学会、基层宣传教育阵地、学校等，根据志愿服务项目的要求，通过集中辅导、座谈交流、案例分析等方式，对志愿者进行志愿服务基本知识、专项知识和应用服务技能培训，提高服务意识、服务能力和服务水平。市级管理部门要定期举行志愿服务骨干培训，使他们成为志愿服务的中坚力量。各区县每年培训人数要不少于当地注册志愿者总数的1/3，并优先安排新入志愿者参加。要加强志愿服务后备队伍建设，开展青少年志愿服务培训。

5. 完善志愿服务记录制度。通过天津志愿服务网，由全市各级各类志愿服务管理单位、基地和团队，对志愿者的志愿服务内容、服务时间、服务质量进行及时、完整、准确的记录，为评价和表彰激励志愿者提供依据。各级志愿服

务管理单位对经查证,确属遗漏的志愿者活动情况予以补充记录。扩大志愿服务记录异地转移接续的联网省市范围,逐步实现与全国志愿者队伍建设信息系统互联互通,使志愿者的服务记录不因岗位和地域的变动而失效。

6. 建立健全志愿服务激励机制。建立志愿者嘉许制度,褒扬和嘉奖优秀志愿者,经国家和本市有关部门批准后,授予荣誉称号。按国家认定标准,志愿服务累计达到100小时、300小时、600小时、1000小时和1500小时的志愿者,将依次认定为一至五星级志愿者。达到3000或6000小时的,认定为优秀五星级志愿者、五星级志愿者标兵。对有突出贡献的志愿者,由市文明办依实际情况直接给予相应时长的嘉许;对参与献血、捐献造血干细胞的,分别折合给予200小时、1000小时时长的嘉许。建立志愿服务回馈制度,志愿者凭借参加志愿服务的时长,可享受在公共设施、文化休闲等场所的优惠,逐步探索实施在就学、就业、就医等生活服务方面享受优惠或优待。鼓励有关单位在招生、招聘时,同等条件下优先录用、聘用有良好志愿服务记录的志愿者。志愿者中表现突出者,可优先推荐为"道德模范"等荣誉评选的候选人。

三、建立和完善志愿服务管理体系,切实加强对志愿服务的组织推动

7. 切实加强志愿服务领导。全市各级党委和政府要把志愿服务融入城乡社区治理,作为加强精神文明建设的重要任务,摆上重要议事日程,切实抓紧抓好。建立市、区县(系统)、街道(乡镇)、城乡社区(基层单位)四级志愿服务管理体系。(1)市级志愿服务管理部门在市文明委统一领导下,由市文明办、市民政局、团市委等单位组成,职责是对全市志愿服务活动进行总体规划和协调指导,督导推动各区县、各系统和各单位志愿服务活动的开展,并进行汇总统计和分析,总结推广先进经验。(2)各区县(系统)职责是结合自身情况,制订志愿服务活动的具体方案并组织实施,壮大志愿者队伍;组织志愿服务培训;开展志愿服务政策宣传。(3)街道(乡镇)负责指导各社区、乡村志愿服务活动,联系各社区、农村学雷锋志愿服务站,保证其日常工作的顺利开展。(4)城乡社区(基层单位)要依托现有社区综合服务设施,以"有场地、有队伍、有制度、有项目、有记录"的"五有"标准,建立学雷锋志愿服务站,职责是协助志愿者完成注册、加入志愿服务团队;协助志愿者查询并参与志愿服务活动;

负责志愿服务提供方与需求方的对接;为志愿者颁发《天津志愿者证》;开具志愿者志愿服务记录、嘉许和接续转移证明。各级志愿服务管理部门按照四级志愿服务管理体系职责分工,指导、协调志愿服务团队的建立、登记并开展志愿服务活动。

8. 创新志愿服务工作手段。开通天津志愿服务网和“志愿天津”手机客户端。二者是全市志愿服务招募注册、培训记录、激励考核的平台和依据,是对全市志愿服务进行组织管理、搭建供需平台的服务管理系统。各区县、系统要以“一个系统管全部”为目标,为更多的群众加入志愿服务队伍、参与志愿服务活动创造条件,实现志愿服务信息资源共享。

9. 推进志愿服务活动有序有效深入开展。志愿服务团队通过天津志愿服务网发布真实、准确、完整的志愿活动信息,并组织志愿者报名,同时负责确认和记录志愿服务时间和志愿者活动表现。志愿者通过志愿服务网提前报名,或出示《天津志愿者证》现场报名。对有安全风险的志愿服务活动,发起方应提前告知志愿者并制订安全预案。任何组织和个人不得利用或者借用志愿服务的名义进行营利性和其他违背志愿服务宗旨的活动,否则,造成后果责任自负。

10. 保障志愿者和志愿服务团队的权利和义务。(1)志愿者权利:根据自己的意愿和时间、能力等条件,申请参加志愿服务活动,接受志愿服务培训;自愿加入、退出一个或多个志愿服务团队;对志愿服务工作提出批评、建议和意见。(2)志愿者义务:遵守有关志愿服务的法律法规、政策和有关管理规定,遵守社会公德和志愿服务团队的章程、制度;宣传志愿服务精神;履行志愿服务承诺;不损害服务对象的合法权益。(3)志愿服务团队权利:招募志愿者;发起并组织开展志愿服务活动;为志愿者记录志愿服务时长。(4)志愿服务团队义务:对志愿者进行岗位培训和管理;组织协调志愿服务活动;宣传志愿服务精神;履行志愿服务承诺;不损害服务对象的合法权益。

11. 丰富和拓展志愿服务内容。志愿者和志愿服务团队可以在下列范围内开展志愿服务活动:社区服务、生活服务;应急救援、抢险救灾;扶贫助困、帮教助学;助老扶幼、扶弱助残;交通秩序维护、治安消防;文化服务、文明宣讲;

环境卫生、生态保护;法律援助、普法教育;医疗救助、健康宣传;展会赛事服务;科普教育、政策宣讲;无偿献血、捐献造血干细胞、捐献遗体;国际组织资助的工作项目;其他社会公益事业。开展志愿服务活动时,应当充分体现自愿原则。

四、搭建和拓展志愿服务活动平台,创新和完善志愿服务活动机制

12. 搭建志愿服务网络体系。利用天津志愿服务网,依托社区学雷锋志愿服务站,由志愿服务需求方发布需求信息,经由志愿服务站筛选出符合条件的志愿者为其提供志愿服务,并负责记录志愿服务时长,实现志愿服务需求与提供、受助者与志愿者有效对接。各志愿服务站要确保志愿服务双方的时效性、真实性和人身安全,并准确记录志愿服务时长,避免出现虚假服务信息,恶意累积志愿服务时长等不良现象。要推进天津志愿服务网在社区、农村和各行业、公共场所开展志愿服务的应用,形成志愿服务线上线下互动发展的良好局面。

13. 继续发挥好志愿服务基地的平台和载体作用。志愿者服务基地是在志愿服务中,具有长期的公益性服务岗位、服务项目,通过志愿者的服务,体现城市文明、城市精神的公共场所和窗口单位。要利用好学雷锋志愿服务基地,进一步整合志愿服务活动资源,实现志愿者、服务对象和活动项目的有效对接。各志愿服务基地要能提供公益性、规范性、长期性志愿服务岗位;具有较完善的志愿服务管理机制和管理办法,能够提供岗位培训,并有专人负责基地的日常管理工作;为志愿者记录服务时间、服务内容和服务评价;有能力为志愿者提供后勤保障,确保志愿服务活动安全。

14. 充分发挥社区在志愿服务中的主导作用。坚持以社区为重点,依托社区学雷锋志愿服务站,把空巢老人、残疾人、困难群众、外来务工人员子女作为服务重点,围绕家政服务、文体活动、心理疏导、医疗保健、法律服务、矛盾化解、平安创建等内容,设计接地气的项目,有针对性地开展顺民意的活动,力争覆盖群众所需的各种服务。深入开展“科教、文化、体育、法律、环保、卫生”六进社区活动,大力推广“社工 + 志愿者”的志愿服务模式,把志愿服务做到基层、做进社区、做进家庭。

15. 完善农村志愿服务活动平台。依托农村学雷锋志愿服务站,发挥农村基层党组织在志愿服务活动中的组织领导作用,以贫困户、老年人、未成年人、残疾人、五保户、优抚对象、特困党员、外出务工人员家庭为重点服务对象,把普及科技文卫及法律知识、扶贫开发、环境保护、社会救助、优抚助残、敬老扶幼、治安巡逻、支援义务教育等作为重点服务领域,致力于兴办农村公益事业和公共事务,致力于改善农民生存环境和生活条件,致力于解决农村特殊群体的生产生活困难。以市级机关、企事业单位结对帮扶困难村等活动为契机,动员更多社会力量到农村开展志愿服务活动。

16. 健全行业志愿服务活动平台。支持和发展在行业建立健全各类志愿服务组织,车站、机场、港口等窗口单位、服务行业,以及机关、学校、医院、商场、交通等行业要率先建立志愿服务队伍,通过设立学雷锋志愿服务岗,开展各类便民利民、文明旅游、文明交通、文明服务、生态环保、维护消费者合法权益等体现行业特点的志愿服务活动。搭建平安志愿服务平台,依托综治信访服务中心,积极开展治安巡逻、邻里守望等活动,及时发现、报告和消除各类治安问题和安全隐患。各级文明单位要普遍建立志愿服务队伍,带头开展志愿服务,形成文明单位积极参与美丽天津建设,开展志愿服务的良好社会氛围。

17. 搭建公共场所志愿服务活动平台。扩大志愿服务在公共场所中的覆盖面,以城区、农村的公园、绿地、广场和旅游景点、风景名胜区等公共场所为重点,深入开展"关爱他人、关爱社会、关爱自然"主题活动,丰富完善志愿服务载体,引导广大市民遵守社会公德,自觉维护市容环境和公共秩序,主动投身美丽天津建设。利用法定节假日、学雷锋日(3 月 5 日)、国际志愿者日(12 月 5 日)、大型赛会、展会等时间节点,广泛开展各类有针对性的志愿服务活动。

五、发挥先进典型先锋模范的示范作用,大力弘扬志愿服务文化

18. 推出志愿服务先进典型。要加大志愿服务工作宣传力度,制订志愿服务宣传工作方案,认真组织实施,努力营造良好的舆论氛围和社会环境。要不断挖掘宣传推广志愿服务先进典型,宣传他们的感人事迹和崇高精神,引导人们深学、细照、笃行。总结各区县、系统在志愿服务方面的好经验、好做法,使之固化成为志愿服务活动载体和工作模式,推动志愿服务持续健康发展。

19. 发挥先锋模范的表率作用。要充分发挥党员先锋模范的作用，落实机关在职党员到社区报到开展志愿服务的常态长效机制。全国文明单位要率先建立党员志愿服务队，通过公开党员身份、做出志愿服务承诺、佩戴统一标识等形式带头“亮牌”。注重发挥道德模范的示范作用，积极开展志愿服务活动，形成崇德向善社会氛围。组织各类文化志愿者走进社区、村镇等基层单位，用群众喜闻乐见的文艺形式，积极弘扬传统文化，宣传社会主义核心价值观。

20. 发挥新闻媒体的传播主渠道作用。加强对志愿服务日常宣传工作的管理，对重大主题、重要活动、重大事项、先进典型实行统一发布。市级各新闻媒体要积极传播志愿服务理念，宣传志愿服务先进典型事迹。在北方网、天津文明网等互联网媒体开辟专栏、专题，同时要充分运用微博、微信、微电影等平台，打造一批微电影、微动漫、微视频、手机 APP（应用程序）等新媒体产品，不断扩大志愿服务精神的社会影响力。要制作刊播一批“学雷锋志愿服务”主题公益广告，生动诠释志愿服务精神。要强化对中国志愿服务标识“爱心放飞梦想”的认知度，使其体现在志愿服务活动、培训、展示等全过程中。各社区和各类志愿服务组织要充分利用社区服务中心、宣传文化站等多种途径，进行志愿服务宣传教育，推动志愿服务宣传进单位、进村镇、进社区、进家庭。积极开展志愿文化理论研究，开发志愿文化产品及新媒体产品等。

六、完善志愿服务的政策和法律保障，狠抓科学考核和督促检查工作

21. 完善政策和法律保障措施。要把志愿服务的要求融入各项经济、社会政策之中，体现到市民公约、村规民约、学生守则、行业规范之中，提倡和鼓励志愿服务的行为，维护志愿者的正当合法权益，形成崇尚志愿服务的社会氛围。认真贯彻落实教育部《学生志愿服务管理暂行办法》（教思政〔2015〕1号），加强对各级各类学校学生志愿服务工作的指导，努力提升学生志愿服务水平。根据需要，为在天津志愿服务网实名注册且参加志愿服务活动的志愿者购买保险。保护志愿者合法权益。加快全市性志愿服务法律法规立法进程。

22. 强化对志愿服务工作的科学考核。依据天津志愿服务网统计数据，实行市、区县（单位）、街道（乡镇）、社区（基层单位）逐级考核。市级管理部门对各区县、系统和市文明委各成员单位进行考核。将学雷锋志愿服务活动开展情况，社区、农村和行业学雷锋志愿服务站点建设情况，志愿服务品牌建设情况纳入全市精神文明建设考评体系，并逐步提高所占权重。对在志愿服务工作中表现突出的，予以表扬；对在志愿服务工作中敷衍、应付的，要督促整改，予以通报。

23. 加强对志愿服务活动情况动态管理、分类指导和检查落实。依据天津志愿服务网，对志愿服务活动开展情况进行汇总统计和分析，作为志愿服务工作考评的数据基础。统计内容包括注册志愿者人数、志愿服务团队数、活动开展次数、活动效果和影响等指标。市民政局、市教委、市公安局、市环保局、市文广局、团市委、市妇联、市综治办等部门要对社区志愿者、青年志愿者、学生志愿者、巾帼志愿者、平安志愿者等志愿服务群体的日常活动开展进行分类指导和督促检查。市文明委将在每年年底根据考评情况对表现突出的志愿服务个人、团队和项目给予表扬。

各区县、市级各部门、市文明委各成员单位，要按照本意见精神，结合实际，按照“谁主管、谁负责”和属地管理的原则，制定贯彻落实的《实施方案》和具体措施，认真组织实施，努力取得实实在在的成效。